서로의 사이에 있다

과천果川 박찬희 제4시집

문학의봄 시인선

022

서로의 사이에 있다

문학의봄 시인선 022 과천 박찬희 제4시집

발 행 일_ 2021년 5월 15일(초판)
저　　자_ 박찬희
발 행 인_ 이시찬
출판국장_ 박찬희
발 행 처_ 도서출판 문학의봄
등록번호_ 제2009-000010호
등록일자_ 2009년 11월 19일
주　　소_ 15801 경기도 군포시 곡란로 26.
　　　　　매화아파트 1408동 1101호
전　　화_ 010-3026-5639(발행인)
전자우편_ mbom@hanmail.net(발행처)
다음카페_ http://cafe.daum.net/bombomspring

ⓒ 박찬희 2021
인　　쇄 | 대한인쇄씨엔씨
ISBN 979-11-85135-31-1 03810

정가 10,000원

* 이 책은 전부 또는 일부 내용을 재사용하려면 반드시 저작권자와 도서출판 문학의봄의 동의를 받아야 합니다.

* 이 도서는 국립중앙도서관 및 국회도서관을 비롯하여 각종 도서관에 납본되어 있고, 서지정보유통지원시스템 홈페이지(http://seoji.nl.go.kr) 및 국가자료공동목록시스템(http://www.nl.go.kr/kolisnet)에서 확인할 수 있습니다.

* 이 시집은 정호순 님의 전액 후원으로 출간되었습니다.

서로의 사이에 있다

과천 果川 박찬희 제4시집

살아온 기록을 비바람이 지워줬으면 좋으련만
뚜렷이 떠서 안으로 밀고 들어오는 엄연한 촉각
털어내려 해도 질기게 도는 먹구름
검을 세차게 갈아 잘라내려 해도
구름은 이제 나와 상관없이 가고
넌지시 건넨 말이 낯설게 되돌아온다

시의 본문에서 다음 연이 첫 번째 행부터 시작되면
〈 표시를 합니다.

시인의 말

　쓰면 쓸수록 시에 목마르다. 시를 모르면서 시를 쓰고, 시 아닌 것을 시라고 내 놓았던 치기도 사실은 그 목마름에서 기인했다. 변명하자면, 나는 배가 고프므로 시를 쓴다. 그럼에도 시를 써 놓고 이것이 시인가, 내가 시인인가를 의심한다. 그럴 때면 시가 나를 위로해주곤 한다.
　'단 하나의 시', 그것을 찾아 오늘도 나는 시를 쓴다. 나의 시 한쪽 끝에는 내가 있고 다른 쪽 끝에는 세상이 있다. 세상은 가난하고 춥다. 어떤 경우에는 억압되어 있어서 나는 그 신음에 귀를 닫지 못한다. 내가 시인이라면 그것은 내 눈이 나의 빈한한 심저에서 눈을 떠 세상의 민낯까지를 보고 있을 때이다. 나는 나로부터 시작하여 가장 위태함의 정수리까지를 내 시의 실험실로 삼는다. 나의 시는 시답지 않을 만큼 시답잖을 때 가장 시답다.
　여기 수록한 시들은 2018년 어간에 쓴 것들을 다시 퇴고한 것들이다. 2019년 초에 제4시집 발간을 염두에 두고 모아 두었으나 여의치 않아 내놓지 못했다. 그러던 차, 2021년 4월 말, 너무나 크고 소중하고 감사한 후원을 받았다. 정호순 님. 한 번도 뵌 적이 없는 분이다. 여차여차 내 시를 읽으신 후 이미 한 차례 큰 선물을 주셨었는데 이번에 너무나도 큰 선물을 훌쩍 안겨 주셨다. 시다운 시를 쓰라는 격려로 믿는다. 사람과 사람 사이에 시가 있었고, 시가 있고, 시가 있을 것이다.
　이 시집을, 주신 선물에 대한 감사의 한 표현이라고 에둘러 붙이는 것이 말도 되지 않는다는 것을 안다. 그럼에도 큰 감사의 인사를 담아 시집을 낸다. 이 시집을 정호순 님께 감사히 헌정한다.
　이 시집을 과분한 칭찬으로 추천해주신 개동 이시찬 발행인 님과 세심한 해설로 빛내주신 이영박 시인님, 감사드립니다.
　2021년 5월. 인천의 옥탑방에서. 과천(果川) 박찬희

차례

1부 사이존재

문의 이쪽과 저쪽 - 13
사이존재 - 14
코 - 16
문 앞에서 문을 찾는다 - 18
무게에 대하여 - 19
존재함의 의문 - 20
허공 부수기 - 22
상자 속의 눈 - 24
나는 풍경이다 - 26
잉여의 시간 - 28
나의 시를 평론함 - 30
빌어먹을 - 32
뿔 - 34
나의 시간 - 36
실어증 - 38
카오스 - 40
육교 - 42
나는 의심한다 - 44

2부 자연주의

자연주의 - 47
고래의 장례법 - 48
달을 덜어내다 - 49
파란 장미 - 50
KM-53 - 51
나의 9월 - 52
토담 옆 벽오동 - 53
하얀 강으로 가서 - 54
선녀바위 - 55
파란을 덜어내다 - 56
피핑톰 - 58
오케스트라 - 60
우리 동네 고목 - 62
계관화 - 64
달팽이 간다 - 65
비, 소리 그리고 밤 - 66
설레고 있다 - 68
가을 밤비 - 69

3부 바닥에서

모질다 - 71
바닥에서 - 72
비문증이 하는 말 - 74
빨간 기차를 그렸다 - 76
기와 긔 - 77
건널목을 건너다 - 78
환상 - 80
입술 - 82
잠자리 날아 앉다 - 83
이미지 - 84
낱말 잇기 - 86
문을 열면 또 문이 있는 - 88
빈 문서 - 90
그림자라고 불리는 것 - 92
가을의 기도 - 94
간이역 - 95
빗물의 두께 - 96

4부 나는 보라색이다

나는 보라색이다 - 99
물에서 물로 - 100
나의 너에게 - 102
까막눈 - 104
당신의 밤 - 105
너는 상관이 없다 - 106
그 동네 - 108
목침의 효용 - 109
공공연한 은신 - 110
내가 그립다 - 112
계단 오르기 - 114
그 때에야 비로소 - 116
목 베인 오후 - 118
제자리걸음 - 119
나의 목화는 이제 - 120
상관성 - 122
밤을 허물다 - 124
내가 인쇄되고 - 126

5부 이 세계의 눈

밤의 무늬를 보다 - 129
오이지 - 130
갑질 - 132
월미도의 밤 - 134
이 세계의 눈 - 136
배다리 난장 - 138
유령의 도시 - 140
○,이라는 표식 - 142
수의 - 144
문턱의 안과 밖 - 146
우리라는 몽타주 - 148
한 점 - 150
산토 니뇨 - 152
개구리밥 - 154
나의 그늘 - 156
케냐에 간다 - 158
인사동의 시간 - 160
오렌지의 안과 바깥 - 161

해설 '시지푸스가 바위를 굴려가는 법'(이영박) -162
추천사 '공감과 위로의 시편들'(개동 이시찬) - 174

단 하나의 시를 위하여

1부

사이존재

문의 이쪽과 저쪽

문 앞에 선다
안이 밖을 밖이 안을 훔쳐보고 있다
생경한 문 앞에서, 생과 몰 사이의 진공이 한 겹씩 걷히는 것을 보았다

문, 꽃의 다른 이름
열리고 닫히고 제3의 눈이다
그 속 십 리 너머에 가부좌를 튼 엑스타시
들여다보니
미친바람이 기화점^{氣化點} 아래서 농축되어가고
한 생의 무늬가 황반변성을 앓고 있다
문 밖에서 들여다보는 나를 내다보는 눈
서로 맞은 눈이 축축해지고
가장 황홀할 때, 꼭 죽을 것만 같다

문 앞, 내가 문인지 문이 나인지 경계가 희미해지고
생몰이 다르지 않음을 알게 되는 때
꽃이 저문다 나도 저문다
적멸^{寂滅}, 나쁘지 않다

사이존재

우리의 거리는 밀착되어 있다
나는 너와 너는 나와 서로의 사이에 있다
나는 너 없이 불안하고
너는 나 없이 결핍하다
네가 걸어올 때 지구의 공전이 빨라지고
내가 네게로 갈 때 유성이 먼저 네게 기운다
사이에는 해석되지 않은 문자들이 빽빽하고
나도 너도 아닌 제3의 존재가 되어 양 끝단을 잡아당길 때
나는 너와, 너는 나와의 사이에서
마감되지 못한 감정의 곡선을 켜켜이 자주 접는다
그리하여
나는 너의 신이 되기도 하며
너는 나의 신이 되기도 하면서 궁극을 지향한다
모든 정념이 소멸된 진공의 공간
모든 것들의 사이를
무게조차 없는 무게로 점유하는 절대성
내가 너에게 네가 나에게 밀착되어지는
사이존재가 된다

* 사이존재 - ein Zwischensein

코

시인들은 왜 그리 자주 귀를 써댈까
달의 귀 꽃의 귀 책의 귀
귀를 접기도 어르기도 하니
귀는 참 간지럽겠다

그래서 나는 코를 말한다
마루의 코를 베어서 서까래에 달면
줄줄 하늘에서 비가 내리고
코가 긴 왜가리가 날개를 털 때
콧물 한 방울도 같이 내리고
물의 귀가 접혀있는 호숫가에서
시를 적어 다듬잇돌에 올려두면
고양이가 살금 와서 콩콩 밟아줄게다

왜 내 시를 밟냐고 하면
코가 빨개지겠지 그래서 연신 코를 훔치는
고양이에게는 시가 제 눈깔 닮은 짭짤한 조기 등뼈로

보이려니
　　나도 밥 대신 시를 퍼마시다가
　　코가 빨개질 게 분명할 테고
　　시를 쓰자니 거 참, 코가 석자네

문 앞에서 문을 찾는다

나를 덮어줄 바람 서 말을 꾸어다가
멍석에 말아 곰삭은 광에 넣어두었다
무엇하나 가지고 온 것 없으니
그거라도 덮으면 잠들 수 있을까
깊은 잠은 결국에 올 것이지만
그 때 아니라도 오늘 나는 잠들고 싶다
열쇠를 잃었다 문을 열어야겠는데
광이 닫혔다 밀폐된 곳에서 산패되고 있는
바람 한 됫박 떠서 자리를 펴야 하는데
문이 어디에 있는지
문 앞에서 문을 찾는다
상실, 그것을 아파하지 않는 시대
다시 구입하면 된다고 치부해버리는
시대의 문 안쪽에서 바람이 끓고 있다
내가 안달하고 있다
문은 열어뒀어야 했다

무게에 대하여

무게는 무겁다고 말할 수 없다
말할 수 있다면 무겁지 않은 것
등에 져도 무겁고 머리에 올려도 무겁다
내가 무거움에 겨운 줄 모른다
무거움은 보이지 않아서 아무도 모른다
한바탕 비가 쏟아지는 것은
무게를 이겨내지 못해서인데
나는 쏟아놓을 곳이 없다
하여 나는 무겁지 않은 듯
말줄임표를 찍고 무겁지 않은 커피를 마신다
흠뻑 젖은 셔츠의 무게정도일 것이라고
그렇게도 생각하는 네게
오늘의 내 무거움은 무게가 아니다
무게는 무게를 달아볼 수 없고
어떤 설명도 구차할 뿐인 무게는
무겁다한들 그저 무게라는 말일 뿐이고
오롯이 내가 져야할 태산은 무겁다고 말할 수 없다

존재함의 의문

껍데기는 남기고 나를 비워내서
쇳물을 부으면 하나의 내가 사이보그가 될까

뇌파가 스러지고 장기가 뭉개진 몸인데
말초의 감각부터 깊은 심연의 감정까지
문득 살아난다면 얼마나 좋을까마는
껍데기는 낡아가고 퍼내도 채울 공간이 없는
나는 그냥 데생이 불가한 폐기물 아닌가

나의 문명은 좀처럼 진보하지 않고
일시에 굳어진 마그마처럼
통째로 구워진 의식이 화석화 되었다
누군가 툭 치면 부서질 각질을 뒤집어쓰고
하나의 창조적 시어가 있다고 믿으면서
밤낮 칼끝에 서서 조망하는 의식儀式으로
천 번의 제사를 마다하지 않는
나의 테이블엔 내가 해체되어 있다

〈

제의가 끝나면 나는 나를 가둔 각질을 털어내고

루아흐가 시여된 생령^{生靈}으로

명멸하지 않는 피사체로 재생될 수 있을까

* 루아흐 - 히브리어로 숨결/호흡, 성서의 창세기에 보면 하나님이 흙으로 빚은 인간에게 생기(루아흐)를 불어넣자 인간이 생령이 되었다

허공 부수기

어떤 위력이 모든 허공을 폭파한다
애지중지 끌어안았던 것들이 분쇄되고
공중은 가루로 내려 앉는다

허공은 존재했던 것일까
애초에 거기엔 부재의 기류만 있었고
누구도 밟아본 적 없다

새 한 마리 앉을 수 없는 넓은 공간이어서
비어있는 것이 상시화 된 허공에 써놓았던
무수한 일지를 다 지우고
폭약을 장착해 부순 찌꺼기들을
우리는 먼지라고 한다
비산이라 부르는 독소를 감수하고서라도
허공을 비워내는 것은 꼭 일상이어야 한다

  숨 막히게 찍어 누르는 허공의 힘을 무력화시키기 위해
  발파의 재미를 고무하기로 한다

허공을 잠식해가는 모든 고체들을 녹여낼
메가톤급의 폭약이 필요하다
나는 기꺼이 재미있는 그 폭약이 되기로 한다

상자 속의 눈

상자에서 상자를 꺼내 상자에 넣는다

포장된 눈이 밖을 기웃거리면

얼른 눈을 감기고 못질을 한다

골목에 쏟아져 내리는 빗물은

사실 거기 사는 이들의 시름이 쓸려 내리는 것인데

골목에서는 문을 잠궈도 소용이 없다

빗물이 쓸고 내려간 상자 속에서는

작은 상자들이 고장 나 있다

지금은 상자들의 세계다

겹겹이 쌓인 상자들에는 눈들이 살고

허름한 상자 속의 시름은 더 값비싸다

〈

그리하여 이 땅의 모든 상자들은

비릿한 이야기를 속에 담아두고서

다른 상자들을 단속하지만

상자 속의 눈은 언제나 밖을 생각하고

위험한 골목길을 연민하며

등골에 박힌 못을 빼낼 궁리를 한다

나는 풍경이다

풍경이 나를 읽는다
나는 탈색된 풍경이다
어느 날엔 나를 잊었다

풍경이 나를 그려놓고 나를 불러냈다
나는 조요한 바람이기도
쏟아지는 뇌우이기도
처연히 손을 흔드는 갈대이기도 했다

풍경이 되어 풍경이 불러내는 대로
나는 내 속에서 나와
내가 지워진 곳에 나를 그려 넣는다
네가 그렇다 하면 내가 거기 채워지는
나는 너의 풍경이다

너도 나처럼 내게 풍경이 되고
탈색을 파스텔톤으로 서로 읽으며
때를 따라 낮은음자리표처럼
잃은 것들을 불러내어 이름을 붙여준다

〈
풍경은, 홀에 꽉 차는 4성부의 합창
너와 나 사이의 공간을 메우는 간주
우리는 서로에게 풍경이 되어
놓친 공백을 채우는 매우 적합한 퍼즐이 된다

잉여의 시간

　철지난 꽃이 피어 소란스런 석바위로 33번길, 사거리의 황색 신호등이 점멸하는 것은 누군가에게 경고를 띄우는 일, 종일 다니다가 짬을 내 눈길을 주면 매캐한 분진 사이로 염탐하는 꽃의 동그란 눈이 보인다

　지난 날 내내 애지중지하다가 쓰고 남은 잔돈이 아닌데도 멋쩍은 시간이 주머니 속에서 기와 밑 처마에 목을 맨 풍경소리처럼 야위고, 어떤 연못에서는 물망초 눈감은 곳마다에 여름내 애태우던 햇볕이 내려앉는 동안 빛의 속도로 지나가는 잠깐의 휴식이 실잠자리 날개만큼 가볍다

　꽃을 통해 보면 시간의 추이를 볼 수 있었던 옛날은 이제 없다
　그래도 기어이 나의 촉수에 빨려들어 오는 늦다리 꽃의 개화
　잉여의 시간을 점유해가는 가상한 몸짓

〈

  낡은 시계의 분침이 흘리고 간 계절의 흔적이 늦게 피는 꽃을 우롱하는 동안, 잉여의 시간이 가을바람처럼 애꿎게 선을 넘어 가지런히 닦인 길옆에 숨어 내놓고 나신裸身을 들이대는 철없이 핀 봄까치꽃을 훔쳐내고 있다

  잉여의 시간에는, 제멋대로 어그러지는 어떤 규칙이 있다

  *봄까치꽃-유럽이 원산지인 귀화식물로 5~6월에 청보랏빛 꽃을 피우는 야생화

나의 시를 평론함

누가 내 시에 평론을 붙인다면
반은 뚜껑 열린 콜라병이고
남은 반의반은 김 빠져 맨송맨송한 콜라이고
그 나머지 반의반은 콜라보다 지린 정체모를 점액질일 것이다

그러하니 누가 내 시를 읽어 평론하랴만
그냥 누군가 하나 있어 읽어주기만 한다면
그냥 시라고 우기면서 쓰기는 하는데
한 줄 쓰고 나면 사방에 백기만 너덜너덜하다

어떤 변죽에는 황금빛 찬사가 붙고
어떤 것에는 시보다 더 시 같은 평론이 붙는다만
내 시에는 고작 이름만 시라 붙여줘도 그저 그만이다
움푹 팬 구덩이에서 죽은 기린의 목이나 쓰다듬고 있으면서
시인입네 뭉그적대니 룸펜이 따로 없다

⟨

　그래도 곱씹어 내뱉은 것들 몇 개는 버리기 아까워 싸매둔다
　나의 시는 상부 맨틀 저속도층*에서 끓다가 넘치는 거품을 걷어내고 남은
　용융점을 넘은 장국 같았으면 좋겠고
　단맛은 없어도 그저 마실만한 침출수 한줄기였으면 좋겠다

　하여, 내가 내 시를 평론하자면
　시라고 우기는 그 객기가 가상하기는 하고
　한 숨에 읽어내려 가면 바닥이 금세 보여도 그냥 어디든 용처는 있는
　막사발이라 하겠다

　　　*상부 맨틀 저속도층-마그마가 끓는 지점

빌어먹을

나 살아있다고
지난겨울 지난봄 장사되었다가
여름 땡볕이 같잖아서 부활했다고
매미들이 일제히
내 소리가 더 뜨겁다고

그렇게 말했다는 시를 썼다고 하자

내가 쓰면
그게 무슨 시냐고 마이너의 편집장도 퇴짜를 놓을 것이나
그가 쓰면
유수한 평론가들이 팔 걷어붙이고
현대시의 포스트모던적 경향에 편승하지 않고 기교를 부리지 않은 담백한 어조로 생명의 진정성을 갈파하여 처녀적 감성에 잇대어 담담히 진술한 과장 없이 빼어난 아방가르드에 정면으로 맞서는 근래에 보기 드문 서정시,
　라고 핥아줄 것이다

〈
시는 그런 것이다
누가 쓰느냐에 따라 시의 값이 매겨지고
저자거리는 덩달아 주머니를 털 것이다

계급장이 갑이다

빌어먹을,이라고 한마디 쓰고
가장 짧은 가장 깊은 시라고 우겨본다

그래, 누가 뭐래도 나는 그 빌어먹을 시를 쓴다

뿔

툰드라의 순록이 목을 내려뜨리고 사는데
뿔은 갈아도 뿔이고 잘린 후에야 살만 한데
살아도 사는 것이 아닌 때가 있다
속 썩이던 뿔은 잘라주지 않으면 채이고
뿔을 가는 법이라도 배우고 나서면 좋으련만
툰드라의 유혹이 재촉한다

뿔이 버거워 뿔 없는 세계를 동경하지만
삶은 아랑곳없이 뒷발을 휘젓고
뿔은 아무도 모르게 안으로 안으로 자라
늘 위험한 동물이고
뼈에 인증을 새긴 후 등록증을 목에 걸었는데
뿔 없는 순록은
각박한 뿔이 매일 잘리는 오늘을 알지 못한다

뿔을 안 가지고 사는 이 어디 있으랴
저마다 뿔 하나쯤 달고 에둘러 산다
속이 허한 것 하나로도 뿔이 일어나고
스스로 단속 못한 뿔에 스스로 치이고

뿔은 이러나저러나 위험하다
그럼에도 사람들은 점점 뿔을 무서워하지 않고
거추장스럽지도 않게 뿔을 키우며 산다

나의 시간

젊은 시간은 이미 갔다 불안하지도 않다
가끔 꺼내 보던 그 시간들은 내 것이 아니고
벌써 보내버린 것들과 뒤섞여
로댕의 구부정한 허리처럼 휘어지고 있다
가령 카프카를 읽거나 스메타나의 음률에 기대어
블타바강의 다리를 건너던 기억은 잊었다
낯익은 고지서가 문틈을 비집고 들어오면
잔고 없는 통장이 징징대는 것을 알게 되면서부터
아내의 잔소리가 그저 그렇게 들리면서부터
시간을 좀먹는 벌레가 되어
방바닥을 기어 다니다가 주저앉은 책상 앞에서
아무도 읽어주지 않는 시를 써놓고
지나간 시간으로 알량한 여백을 덧칠 한다
시간은 이미 노쇠하여 무덤에 들었고
양탄자 거둔 어두운 골목을 비집고 침입한 소문이
쪽문을 두드리는 밤이면 꺼내놓을 것 없는
빈속에 산패된 커피를 아무렇지도 않게 들이 붓는다
내가 나를 죽여 가는 모두가 잠든 시간에

밤마다 장례를 치루면서 살아날 궁리를 하기는 한다
패전의 책임을 지적자살로 유도하고
투항을 거부하는 늙은 포로가 되어
침침한 형광등 아래서
읽히지 않을 삐딱한 한 줄을 써놓고 시라고 명명한다

실어증

항상 주머니에 있던 말을 잃어버렸다
어떤 때는 불쑥 말의 뒷면이 궁금했었다
꺼내보지 못했던 말들은
누군가에게로 가서 뒷면을 보여주리라
나는 무거운 침묵으로 상심을 위로하고
다시 채워둘 말을 채집하면서
코카서스인들의 방언에 귀를 세운다
실어증은 빈주머니의 속내를 안다
말문이 트여 속을 내놓더라도 쉽게 치유되지 않는
희대의 질병이 나를 격려한다
L과 R의 발음을 구분하기가 쉽지 않듯
실어증은 잃은 말들이 무엇인지 구별하지 못한다
주머니를 털어봐야 아무 소용이 없는데
나는 자꾸만 잃어버린 문장의 한 단어에 매이고
아무도 모르는 뒷문으로 나가 소리를 틔운다
소리가 말이 되어 돌아오기까지
단어장도 없이 어눌한 문장을 이어 붙인다
이제 곧 입에 붙을 것이다
주머니에 새로 비축할 말의 앞뒷면에는

단단히 족쇄를 채워둬야겠다

카오스

사위가 칠흑인 지금에 적응한 것은
내내 골똘했던 오늘의 끄트머리에서다
밟고 다니면 다닐수록 밤이 가까이에 있다
담을 타고 넘나들던 카시오페아의 조각들
주워 담아 품어온 숱한 파편들이 떼 지어 몰려나오자
절름거리는 시간이 자아내는 선명한 무늬
그 어디쯤엔가 내가 눈뜨고 있다
검은 얼룩을 남기면서 밤이 으스댈 때
변색된 동공에 어린 침침함이 익숙해져도
무엇을 해도 안 되었던 어제는
차라리 눈이라도 뜨고 있었으면 좋았더랬다
적응, 생각을 거두면 되는 일
오늘을 기어이 밝힐 조등을 꺼낸다
새벽에 나서야 해도
일단은 생각 없는 밤은 놓아두기로 한다
조등은 새벽이 되어도 끄지 않을 것이다
아주 가까이에서 나를 넘보는 혼돈스런 시간을
밀어내는 한밤의 빛이 야무지다

더 이상은 내일이 오늘을 조롱하지 못하도록
오늘 밤에는 눈을 감아서는 안된다
그렇다 시간을 까맣게 태우면 안된다

육교

　육교를 올라가면 심심한 사람들이 심심찮게 보인다
　낡은 평상 하나와 손때 묻은 종지 한 개
　호각소리에 줄행랑을 치던 이들이 흘리고 간
　주사위 한 개

　결판지게 한판 쓸고 이 판을 떠나리라는
　지난 밤 각오는
　첫 차가 뜰 때 어디론가 실려가 버린다

　하루는 쥐꼬리보다 짧다
　신출귀몰한 손놀림이 현혹하는 오후의 육교 위
　사라진 풍경을 짜깁기 해보니
　거기 어린 내가 서서 엉거주춤 힐끗거리고
　사람들의 주머니가 살집을 줄인다

　육교 위에 서 보면 사방이 현란하다
　지금은 리무진 몰고 달려드는 모델하우스

해보다 더 큰 우산을 펼쳐놓고 계산기를 두드린다
손놀림이 그 때만큼 현란하다

옹기종기 모여선 사람들, 늘어선 사람들
손놀림 따라 재빨리 머리를 굴린다

나는 의심한다

스스로 타인이 된 어느 날부터
나는 나를 의심한다 의심은 변검을 하고 자주 내게 추근댄다
나는 나를 의심한다
둔덕 위에서 나부끼는 파란 리본이 가리키는 방향을 의심한다
오래 걸을수록 높이에 자신감을 잃고
나는 내가 얼마나 멀리 걸을 수 있을지 의심하고 또 의심한다
저만치에서 나를 보면 나를 잃은 나는 깃발도 없이 서 있다
내가 보는 나는 먼지처럼 희미하고 안개처럼 종적을 감춘다
모든 의심을 짊어지고 배회하면서 강둑을 걸으면서도 강을 의심한다
살아있음이 대견할 때도 있었다
그러나 지금은 의심한다 살아있는 동안은 의심한다

나는 내가 살아있는지 그러해야하는지
스스로 타인이 되어 의심한다

2부

자연주의

자연주의

 밤마다 발가벗은 몸으로 오는 달의 기울기만큼 썰물이 빠져나갈 때 속옷 벗겨진 해안선이 요부의 미소를 흘린다
 왜 이제 왔냐고 칙칙한 보안등이 아는 척을 하는 해안의 밤, 모두가 훌훌 벗는다
 사실 부끄러움이란 어느 곳에서는 자랑이 되지 않는가
 달이 벗은 몸을 내비치는 동안에 부끄러움을 잊는 것은 합법적이다
 소나기라도 퍼부었으면 좋을 밤이니 극이 끝나면 놓고 갈 소품을 벗는 것이야 어떠랴
 본디 벗은 몸으로 왔으니 다 털어내도 무방한 밤에 여물어 내리는 요염한 달빛 아래 어디서는 온종일 치장한 매미도 옷을 벗는다더라
 버버리 16FW 4551205 1001 몽고메리 코트가
 어디 몸뚱이보다 비싸랴 내 몸은 너무 비싸 값도 매길 수 없다 어떤 날은 그 코트 입는 것보다 다 벗는 게 좋더라

고래의 장례법

아직은 손을 놓을 수 없다고
아직은 보낼 수 없다고
아직은 인정할 수 없다고
범고래는 죽은 새끼를 이고 다닌다

열일곱 날을 아니 더 많은 날을 애곡할 때
바다가 종묘宗廟의 정전正殿에 조기를 달았다

묻을 곳을 찾아 사백리
어디에도 없는 진혈眞穴을 찾아다니다가
애가 끊어질 때
제 속을 비워내고
내명당內明堂이라고 새끼를 매장했다

비석도 없는 바다를 헤집고 다니며
꺼이꺼이
하도 울어 목쉰 눈물을 종신토록 쏘아 올린다
어미의 등짝엔 죽은 새끼와 통하는
슬픈 숨구멍이 있다

달을 덜어내다

중천에 걸린 달을 덜어내고 있다
어제 실패한 일을 초저녁부터 계속 하는데
하얀 달의 안색이 누렇게 떴다
제 몸 축나는 게 좋을 리 있을까
어쨌든 덜어낸 달 조각은 주머니에 뒀다가
텃밭에 심어 키워볼 참이다
어떤 버섯은 물속에서 제 꼬리를 재생하는데
달은 아마도 전생에 박꽃이었을 게다
달이 지나간 자리에 조물조물 피었다가
깊은 밤이면 더 짙은 하얀 몸뚱이를 쏟아놓는
달의 맵시가 본시 저러했거니
제 살 뜯겨도 헤프지 않은 달에 취한 자정
못 다 덜어낸 달이 지붕 위를 기어가고 있다
움막 지붕의 박꽃이 달을 배웅하고
노랗게 달 익는 밤이면, 나는
달빛 한 소쿠리 덜어내려 지붕에 오른다

파란 장미

　고딕풍의 그로테스크한 화장, 깊고 서늘한 눈빛 아래로 표독하지 않은 손톱이 있다 누군가 앉았다 갔을지 모를 벤치에 손을 내밀고 있다

　나는 파란 색을 좋아해요 당신들이 생각하는 것과 다른 파란波瀾이죠 밋밋한 하루가 파라솔을 접을 때 나도 화장을 지웁니다

　짐짓 아무렇지도 않은 표정으로 장미가 말을 걸어왔다 장미는 의례히 빨갛다는 전제를 깨고 파란 장미 파란波瀾을 일으켜 내 속의 빙점이 녹고 있다

　완고한 전통은 아직 파란 장미를 수용할 태세가 아니지만 미친 나는 자기를 질러 내준 순 하나를 폐부에 심는다 숨을 쉬면 장미의 파란波瀾이 자라고 있음을 안다

KM-53

내가 뿌리내릴 곳은 저기다
도토리 한 알 참나무 한그루도 다른 산이다
가슴에 새겨진 훈장이 달빛에 빛나
탈출은 발각되기 십상이어도
뿌리내릴 수도산은 늘 나를 유혹한다

내 안에서 방사되는 전자파를 반으로 접어도
자꾸만 들키는 은신처
고도를 낮춰 산비탈에 숨는다
천왕봉을 뒤로하고 90킬로미터
몸속의 칩은 언제나 그리로 향하고 있다
저 산은 내 유전자의 모태, 그리로 돌아간다

떠나지 말라고 좇는 시선은 내 속을 모르고 있다

*KM-53은 반달가슴곰으로 2015년 1월 국립공원관리공단 종복원기술원에서 태어나 지리산에 방사되었으나 세 번이나 김천의 수도산으로 이동했고 결국 2018년 8월 24일, 수도산에 방사하기로 결정되었다. 현재는 수도산으로 이동 중 당한 교통사고로 치료를 받는 중이다.

나의 9월

8월이 가요 9월이 오겠지요
다른 것 있나요
8월이든 9월이든 여전한 것은 여전합니다
부리나케 달려온 여덟 달
아무 것도 들고 온 것 없고
왜 9월이 오는지 묻지는 않겠습니다만
다음 달에는 대출받을 일 없고
풀칠하던 입에 미국산 소고기 한 점
넣으면 그만이겠습니다
8월이 간다고 기쁠 일 없듯이
9월이 온다고 기쁠 일 없는데
왜 9월을 기다리는지
한여름 볕처럼 뚝뚝 떨어졌던
가면을 쓴 시간이 달콤하게 웃으며 되돌아와도
나는 웃지 않습니다
시간은 나를 옭죄면서 내 시간을 또 달라합니다
나의 9월은 8월과 다를 바 없을 겁니다
나는 8월을 잊기로 합니다

토담 옆 벽오동

낮은 토담 옆 벽오동 하나 서 있다
어제는 그냥 있더니
오늘은 그렁그렁 눈물 한줌씩 손에 쥐었다

시집간 딸에게 딸려 보낸 하나는
하시 이쪽으로 문짝을 열어놨을 테고
시냇가 낮은 언덕 위 벽오동 하나
뒤꿈치를 들고
언제 올지 모르는 딸을 그리다 퍼렇게 얽었다

뿌리가 마르고 머리카락마저 세기까지
냇바닥 말라 알몸 내놓을 때
깊은 속은 더 깊이 삭아 흐릿한 얼굴이다

퍼렇게 전염된 언덕이 마른기침을 삼키고 있는
늙은 벽오동 하나 종일 서 있는
저 토담 옆

하얀 강으로 가서

하얀 강으로 가자 어제 죽은 새들을 애곡하면서 가서 강 언덕에 묻자 어떤 가벼움도 주검의 무덤에 묻어두고 말을 걸어오는 것들에게 그냥 흐르라 하자 강이 허옇게 배를 드러내고 있는 곳에서 어떤 의지도 등뼈에 새기지 못한 새들의 예정되었던 날갯짓을 기억해내자 새가 못 간 곳에도 강이 있다면 하얀 강이라 하자

하얀 강은 없다 없는 곳에는 새들의 무덤이 있다 내가 기억하는 한 새들은 하얗게 날았고 하얗게 길을 냈고 하얗게 흘렀다 하얀 강이었다 하얀 강이 흐른 하늘의 갯골로 가자 없는 무덤에서 애곡하는 바람에게는 하얀 강의 내력을 말하자

모든 기억들을 풀어 하얀 강에 띄우고 깊은 골에 핀 별들에게 가서 회귀한 새들의 표정에 대해 물어보자 하얀 강으로 가자 죽어서 자유로운 새들에게 물어보자 죽음은 실재하는 것인가 하얀 강은 죽음의 강인가 생명의 강인가

선녀바위

그냥 편편한 얼굴 코도 없고 입술도 없는
허튼 눈에는 보이지 않는 얼굴이 있다
멀리서 보면 보이고 가까이서 보면 그저 그런
얼굴을 뜯어보다가 가버리는 바람
바람의 촉수는 수평선 너머로 나있고
보이지 않는 얼굴은 역방향이다
아무도 알아보지 못하는 밤이 되어서야
거리낌 없이 민낯을 드러내는
저 얼굴도 어쩌면 지워질 언젠가가 있고
오밀조밀 뜯어보면 분명히 거기 풍상이 스몄는데
세월이 쓰다듬고 간 얼굴, 단아하다
어제 보아도 오늘 보아도 늘 다정한
지나는 이에게는 덩그러니 선 그저 바위 하나
백악기부터 지켜 서있는 곳에서
저녁이면 붉게 달아오르는 아득한 홀몸
님은 오지 않고
조석으로 치근대는 잔파도에 발목이 잡힌
여인, 을왕리의 석녀石女

파란을 덜어내다

하늘을 쏟아 붓는 파란波瀾
어느 바다가 뛰어올라 있다가
견디다 쪼개진 너울의 꼭대기
직하하는 것에게는 파란 기억이 창창하다

창공을 바라던 날들은 오래 전 퇴색되었고
물들고 싶어 털고 나선 길에서
흠칫 들키고만 속내를 다시 접어 넣는다

잎새들 고단한 계절이면 문풍지처럼 여위는
마음은 쇠한 몸을 아랑곳하지 않고
그저 조용히 물들어 가고 싶은데
마음과 달리 무릎이 저리다

나도 모르게 허적허적 가는 굽은 삶에서
파란波瀾이 파랗게 이는 때에
떠나보낸 것들을 하나씩 불러내어
몇 척 수레에 실어 파란 속으로 보낸다

〈

떠나간 것들의 궤적이 희미하게 지워지는 길
그 길을 따라가
산토리니의 언덕 같은 절벽 위에 올라서서
쏟아지는 파란 파란波瀾을 한 됫박씩 담아낸다
찔끔, 눈이 시리다

피핑톰

살구꽃이 무슨 색인지 나는 모릅니다
바구니에 소복한 노란색 살구를 물에 씻어도
꽃의 색깔은 모릅니다
살구꽃의 색을 몰라 미안합니다

모르고 있다는 것을 알게 되면서
한 번도 보지 못한 살구꽃을 좋아합니다
내가 모르는 것을 연모하는 이유에 푹 젖은 눈으로
꽃눈이 잠 깨는 때가 되면 몰래 가서 보겠습니다

낯빛을 바꿔가는 살구의 속내가 꽃눈에 숨었을까요
아마도 꽃눈이 활짝 피면
부끄럼 타는 처녀의 젖가슴 같을 것이고
레이디 고디바를 훔쳐본 톰*은 눈이 멀겠지요

그러니

〈

코벤트리에 살구꽃 피면 꼭 와서 일러주세요
단 한번 보고, 눈이 멀어도 그만입니다

*톰(Peeping Tom)-1157년 코멘트리 영주의 아내인 고디바(Godiva)가 세금감면을 약속받고 알몸으로 말을 타고 마을을 도는 모습을 몰래 훔쳐보았다가 눈이 멀게 된 재단사.

오케스트라

막이 열리고 연주가들이 입장한다
나뭇잎은 목관 악기가 되고
시냇물은 금관악기가 되고
양철지붕은 타악기가 되고
전깃줄은 현악기가 된다
전봇대가 지휘자가 되어 인사하면
만장한 관객의 박수소리 여기저기서 터지는 환호

온 천지가 오케스트라의 연주자가 되면
아이들이 무대에서 춤추고
어른들은 종려나무가지를 든다

라르고에 갈대들이 몸을 맡기고
포르테에 창문이 들썩이고
아 카프리치오에 박수칠 곳을 찾는다
대지를 애무하는 선율에 빠졌다가
고뇌에 차서 불타던 영혼이
카덴차의 음률에 몸을 싣고 칸타빌레로 나아간다

〈
집시는 조금 빠르게 춤을 추다가
경쾌하게 오른 손을 내밀고
손가락에 걸린 캐스터네츠가 꽃이 된다
속삭이듯이 노래하듯이 달콤하게 유혹하는
때로는 경건하고 때로는 폭풍우처럼
침묵에 이르기까지

공연이 끝나면 모두가 흠뻑 젖고
방금 전의 감동에 취한 채 우산을 접을 때
풀이 웃는다 알라 마르치아

* 라르고-느리게, 포르테-강하게, 아 카프리치오-템포를 임의대로, 카덴차-즉흥연주 부분, 칸타빌레-노래하듯, 알라 마르치아-행진곡풍으로.

우리 동네 고목

가끔은 육중한 몸에 살 빼기가 필요하다
높이가 끌어 내린 하늘에 헛손질이 떠 다닐 때
근처 운동장에서 아이들이 뜀박질을 한다
따라잡을 무엇도 없는데 아이들이 바쁘다
발자국 소리에 은행나무의 간이 떨어진다
늙으면 심장이 두근거리고 미동에도 덜컥 내려앉는
고목의 심장도 옛날에는 파릇했었다
펑퍼짐해진 몸매가 받아내는 대기권의 무게는
어느 별에서도 경험하지 못한 형질形質이다
허리를 졸라매고 간신히 줄여가는 용적률에
한 치의 키도 버겁다고 자주 고개를 숙인다
고사목이라 출썩대준들 오백 년의 무게는 덜어내지 못하고
아이들의 소란스런 웃음소리만이 비대한 행색을 다듬어내고
나무는 슬픔 한 다발씩 묶어 두었다가
찬바람 부는 날 슬쩍슬쩍 하나씩 덜어낸다
녹아내린 하늘이 흠뻑 몸을 적시고

아이들이 돌아간 빈 운동장으로 엽서를 보낸다
아이들은 알까
한 때 창창했던 고목이 써 내려간 오백 년의 내력이
작은 바람에도 찢겨 누렇게 날리는 저 설움을

계관화

가을이라는데 9월이라는데
꽃이 피었다
벌겋게 상기된 가슴팍을 내놓고
끄덕
가을이라고
봄이 써 보낸 연서
한 장 품고 가을에 와서
여름 볕 부스러기를 쓸어내고 있다
내 속도 좀 쓸어 가 줄는지
물어도 무뚝뚝한
저 꽃
닭 벼슬 훔쳐 달고
한낮인데 홰를 친다
맨드라미
놀란 햇볕이
뙤창문 뒤에서 헛기침을 한다

* 계관화-鷄冠花

달팽이 간다

망설이다 이 계절마저 놓치면
제 목숨 놓아버릴 것 같은
질긴 걸음으로
은수사의 셀을 나와
시간을 깨뜨리면서
길을 가다 매무시를 다진다
돌아갈 방도 없이 앞으로만 가는
정진精進
저 느리게 분주한 걸음
수도자의 보폭으로 간다
이유 없는 걸음은 없다고
말 없이도 덤덤히 가는 무던한 생명
저 아득한 무아의 길
저 깊은 묵언
저 질긴 수행

비, 소리 그리고 밤

계절은 차갑게 식어가고
길 건너 종점의 줄은 한없이 늘어지고
누군들 외롭지 않은 이 있을까
오늘 비는 왜 저리 길게 서러운지

밤을 적시며 떨어지는 누군가의 혼
나도 빗줄기처럼 기울기 만 하고
멀리 누군가 잠들지 않은
깊숙한 밤 무표정한 저 비

가만히 온다
아무도 모르게 온다

이미 내린 비는 기억할 수 없다고
창문을 연다 마중 하러 내민 손에
고이는 비, 기억이 고인다

숨소리를 듣는다
어쩌면 몰래 뛰는 심장의 소리

그의 맑은 눈 같은 빗방울 하나하나
허투루 놓치지 않는다
비 소리, 그의 발자국 소리 툭툭

설레고 있다

비가 그치자 다투어 일어서서
네놈은 어디 갔다가 이제야 왔느냐고
칼날 벼르고 쏘아 본다

가을이라고 가을이어서 넋 놓고 맞는
저 징하게 아린 시선에도 나는 좋다
아무러면 어떠냐 네가 살아나는데

꽃대 부러진 걸 어찌 보라고
하늘은 저리 맑은 지
쪼그리고 가만히 보다가 시큰해지는 눈가

꽃 하얗게 고개를 든 위로
무심한 하늘이 쏟아져 내린다
어쩌나 저 꽃대, 마저 부러지면 어쩌나

찬바람 슬슬 불어오는 옥상 위
아슬아슬 꽃대 올려 새 꽃 준비하는 산부추
새파랗게 설레고 있다

가을 밤비

강 약 셈 여림으로, 마디를 건너뛰고
빠르게 그리고 느리게
객석의 푸른 손들이 환호하고
기립하는 관객들, 쉼표 하나에 같이 숨죽이고
악상을 해석한 지휘자가 번쩍 지시하면
모퉁이 타악기의 천둥소리
현악기들이 활을 당긴다
비스듬히 내리는 선율
먼 하늘로부터 내려와 갈증을 내모는
관악기의 음색이 때로는 격하게
때로는 감미롭게 객석을 적신다
건물이 공원의 벤치가 거리가 나무가 젖는다
가을밤의 오케스트라
서곡을 듣고 교향곡 1번 1악장을 넘어
2악장으로 가는 연주자들의 움직임
폭우로 쏟아지는 거친 리듬과
간간이 비치는 달빛 같은 라르고
호사를 누리는 난데없이 초대 받은 연주회

3부

바닥에서

모질다

모질다,라는 말을 모릅니다
모질어야 할까요
단호하다는 것과 모질다는 것이 비슷하다고
사전에서 배운 것은 아니지만
모질게 매정한 당신을 보고
나는 단호하다고 말 합니다
당신은 바로 그 당신인가요
나는 모질어야 할 이유를 모르는데
모질어야 할까요
매일 제 발을 핥는 고양이처럼
나도 슬슬 상처를 핥으면서
모질다는 말의 뜻을 익혀야 할까요
모질게도 당신은 내게서 떠나고
단호하게 당신은 오지 말라 합니다
나도 모질어야 할까요
단호하게 말해주세요
내가 왜 모질어야 하는지를 말입니다

바닥에서

언제나 딱딱한 바닥에 누워
푹신한 바닥을 부러워해요
밤보다 낮이 더 부드럽죠
포근하게 물어보면 그렇다고 합니다
어젯밤은 밤새 앓아 누웠었어요
아무도 내가 아프다는 것을 눈치 채지 못하게
나는 아팠고 침대를 부러워했어요
부러워한다는 것은 아무 것도 가지지 못했다는 것
나는 빈 몸으로 아팠어요
아픔은 나 외에 누구에게도 의미가 없어요
내게만 긴 터널 같은 관심이 되죠
혼자라는 것, 그래서 아플 수밖에 없는
혼자의 침대는 없어요 바닥입니다
바닥은 내가 나를 가장 가까이서 만나는 곳
바닥에 누우면 절실했던 것이 별 소용없고
다 게워내고 나면 가벼워지죠
가벼움을 통과하고서야 바닥의 깊이를 압니다
어지러운 것은 바닥을 떠났을 때입니다

바닥에 누워서 나는 비로소 편안해집니다
바닥에 가라앉아서도 둥둥 떠 다닙니다

비문증이 하는 말

한쪽 눈을 감으면 다른 눈이 서먹해 하는
동시적 사건의 다른 양상을 몰라서
나의 한 눈은 안대 없이도 자주 감긴다

먼지가 껄끄럽게 날리는 비포장의 길은
족히 한 눈으로 갈 수 없는 장애물이고
끄떡하면 비문증이 도져서 상이 흔들려도
한 눈은 마저 감을 수 없다

수술도 필요 없다는 말에
도려내졌던 가슴을 다시 구겨 넣고
퇴행의 일환이겠거니 늙어감을 수락한 후
감은 눈 속에 실타래가 엉켜 있어도
나는 아직 한쪽 눈으로 꽃을 볼 수 있다고 말한다

눈의 시신경 끝에는 네가 피어 있고
네가 잡아당기는 신경줄에 나는 이끌린다

나는 외눈으로도 너끈히 너를 볼 수 있어서
바람이 고꾸라지는 것이라든지
나무가 팔베개를 하고 눕는 것을
너를 통해 볼 것이다
헌데, 너는 지금 내게 한 눈을 마저 감으라 한다
네게 만 눈 뜨라 한다

빨간 기차를 그렸다

빨간 기차 지워진 낡은 고무신
매직으로 그려 넣었다
관습은 지워지기도 조성되기도 하지
툇마루 밑 섬돌 위
고무신이 살아나고 있다
발바닥이 간지럽다
기차가 어디로 가려는가보다
고무신의 반들해진 코가 경적을 울린다
어찌 저리 쉽게 결정한 것일까
결정되지 않은 곳으로 가려는 것이다
모든 떠나는 것의 심저는 젖는다
보내는 섬돌이 차갑게 식는다
기차를 그린 것이 패착이었음을
섬돌은 안다
뼛속이 서늘하다

기와 긔

내가 기라고 말할 때
그는 긔라고 말한다
혀는 서로 다른 곳을 지향하고
입술은 포개어 진다
기라고 말하거나 긔라고 말하거나
한 입술, 거기에서 우리는 비로소 하나임을 안다
우리의 혀는 다른 모양이어도 좋다
다르다는 것은 획일을 극복하는 것이고
같은 입술은 다른 것의 일치
다르거나 같거나
같거나 다르거나
앞뒤만 다를 뿐 기나 긔나 한 입술에 붙는다
동과 서가 남과 북이 상호간을 전제해야 하듯이
기도 긔도 서로를 전제한다
다름은 같음의 전제이니
내가 기라고 말할 때
그가 긔라고 말해도 좋다
백년 전에는 기를 긔로 읽었다

건널목을 건너다

큰 길 돌아 왼쪽으로 들어가면
두 개의 지루한 세월이 나란히 누워 있다

신호등 하나와 낡은 종이 지키는 건널목 빨간 표지판 앞에서 주저주저 헛걸음을 디딜 때 수없이 오갔을 경원선 열차는 언제나처럼 빨리 오지 않았다

건너편 냉면집은 인파로 북적이는데 열차에 몸 실은 이는 가물에 콩 나듯 하고
삼십 년 전 실어 놓았던, 껍데기 만 젊은 시간이 빈 자리에 앉아 헛기침을 한다

건널목에 서서 오래 전 분실했던 청춘을 배웅 하면서
걸음 버거워 바튼 숨을 몰아쉬며 가는 열차의 느린 궤적을 좇는다
재촉할 수가 없다

차단기가 올라가자 보였다

중년의 건널목을 허덕허덕 건너가는 깡마른 사내였다

환상

철사를 구겨놓았더니 학이 되었다
하루가 지나니 날개가 돋았고
또 하루가 지나니 날개에 힘이 생겼다

학은 철사를 누에처럼 자아내며 날았다
기는 것보다 쉬운 비행으로 날다가
뚝 끊고 돌아오지 않았다

허물은 철사처럼 질긴 것이다
허물을 벗어놓았어도
학의 발목은 철사에 묶여 있고
날아간 곳에서 그것이 족쇄인 것을 알았다

학의 귀소는 자유를 놓친 결과다
자유는 퍼득여도 발목을 넘지 못한다

알 하나 낳고서야 가벼이 날고
어떤 것은 족쇄가 더 굵어진 것을 안다
학은 비로소 그것이 하나의 인식표임을 안다

어디 가든 유전자 속 칩의 무게로 자주 내려앉는다

철사를 구겨놓으니 학이 또 한 마리 날개를 편다
학의 운명은 철사처럼 가늘다
사육된 학에게서는 쇠비린내가 난다

환상은 언제나 무겁지 않다
철사들이 날고 있다

입술

하늘과 땅이 맞닿는 지점
하나의 입술은
또 하나의 세계에 입술을 맞추고
우리가 멀다하는 것은 실은 맞닿고 싶은 것
입술과 입술의 만남은 거리距離를 삭이는 것
멀리 있음은 거리距離 너머를 그리는 것
입술과 입술 사이에서
때로는 긴장이 때로는 화해가
쓰거나 달콤하게 묻어나는 간극을 메우고
만난다
우리는 옷을 벗고 립스틱을 지우고
맨 입술로 만나 서로를 확인한다
가끔 깨물려도
하나의 공간을 기워 채우는
입술은 선의의 침묵을 담아 놓는 저수지
입술은 만나 있을 때 훨씬 미쁘다
나는, 세계는
자기의 입술로 너를, 세계를 만난다

잠자리 날아 앉다

누이 속치마 같은 날개에
얹힌 햇살의 무게
고된 하루를 이고 내려앉는다

뒤뚱거리며 와서 치대는 바람이
옥수숫대 끝에 상량문을 올리면
상기된 몸으로 받아들어 낟알을 여물리는
느릿한 오후의, 쌍발 경비행기

왜 저를 보면 아득한 걸까
꼬리 끝 치켜올리면
마디마다 괸 그리움은 왜 뚝뚝 떨어지고

날 갠 하늘이라고 푸른 캔버스에
난분분 찍어대는 그 만의 화법畵法
저처럼 가벼운 몸으로도
어쩌면 저리 족히 가을을 키워내는 지

이미지

    고속으로 질주하는 차창 안에서 그녀는 손톱에 매니큐어를 바른다 오른 손과 왼 손의 손가락들이 피아노를 친다

    빨강 조끼를 입은 화가가 이젤에 올려놓은 캔버스에서는 나무가 흔들린다 그 옆 시내 위로 두루미 한 마리가 추락과 비상을 반복한다

    한동안 걸어 오른 언덕 위의 카페는 아직 초저녁에 불을 켜 놓았다 낡은 축음기에서 레코드판이 돌고 귀에 와닿는 커피의 맛은 푸르고 밝고 느리고 얇다

    새끼 고양이 네 마리가 평상 아래서 나를 지켜본다 눈에 든 가시들이 오밀조밀한 고양이의 얼굴에서 빛난다

    보이는 것들은 손에 잡히지 않는다 동공에 새겨졌다가 어느새 사라지고 역광을 받은 카메라의 줌에서 삐그덕 소리가 난다

〈

　운동화 끈이 풀리고 맥아더 동상이 불에 타는 동안 사내는 구호를 외친다 공원의 비둘기들이 어느새 사라졌고 남영동 철문이 굳게 잠긴 것이 비둘기를 가둔 까닭이라는 소문이 돌았다 소문은 소문을 밟고 높은 창문 밖을 스캔하고 있다

　보라색을 좋아하는 사내는 더 강렬해지기 위해 보폭을 조절한다 보라색이 어둠 속으로 숨어들고 아무도 없는 곳에서 흐느끼고 있는 포플러 이파리, 하나씩 떨어져 날리면 하나의 그림이 완성된다

　그림이 말을 걸어올 때 쯤 보들레르의 죽음이 그림자를 눕히고 꽃을 들고 온 여인이 무덤에 꺾꽂이를 한다 꽃은 그녀의 손톱에 칠해진 색깔들을 지우고 나를 지켜보던 고양이가 캔버스 밖으로 빠져나가면 언덕 위 카페에서는 싱거운 커피 향이 구호가 되어 사라진다 사라진 것들이 압송되어 간 창문 밖으로 보라색 흐느낌이 보들레르를 위로한다 비로소 꽃의 문이 열리고 아무도 사라지지 않는다

낱말 잇기

　지금은 잠들어야 할 시간 잠은 깨어 있음을 멈추는 것 멈춰선 길은 좀처럼 가까워지지 않는다 낱말 잇기를 하면서 진 꽃을 추모한다 꽃은 봄이 아니어도 핀다 열꽃이 돋는 것을 핀다고 하는데 밤새 앓은 열병은 다시 가져올 필요가 없고 가수면으로 꾼 꿈은 해몽할 필요가 없다 어디서 좋은 일이 있으려나보다 공연히 기대해보면 안 된다 우리는 우리끼리 꿈에 대해 이야기하면서도 감춰둔 꿈을 하나씩은 가지고 있다 어쩌면 지표면이 녹아 바다가 되는 것에 대한 못 버린 미련일지도 모른다 그래서 종종 꿈에 대해 말한 프로이드의 그림자를 털어내려 하면서도 여전히 꿈을 꾼다 나는 꿈속에서 날개를 달고 멀리 공화국으로 간다 공화국의 아침은 밤이 아니다 아침에는 잠들지 않아도 된다 잠들지 않은 아침에만 새가 운다 새를 좋아하는 나는 새근새근 잠든 공화국의 딸에게 프러포즈를 하고 저녁이 될 때까지 누군가 가져올 편지를 기다린다 편지에는 내 정체가 숨겨져 있고 나는 진 꽃을 말려 가슴에 단다 꽃은 봄이 아니어도 핀다 열병을 마치면 가수면도 끝고 비로소 삶이 곧 가장 적절한 해몽임을 안다 나는 알기에 더 이상 꿈에 매달리지 않는다 꿈꾸지 않아도 당신과 함께 있으면 나는 꿈속에 있다 꿈속에 있는 동안에는 날개 없이도 난다 나는 날아서 공화국의 새들을 분류하고 울음의 종류를 배열하고서 까치의 울음만을 빼어들고 앞마당 우물가 향나무 꼭대기에 저녁까지 걸어둔다 까치가 우는 동안에는 밤이 내리지 않는다 오늘은 열병을 앓지 않아도 된다

문을 열면 또 문이 있는

거기는 미처 가보지 못한 곳
깊은 습지처럼 발목이 붙들리는 곳
지난밤의 깊이 속을 헤어 나왔는데
오늘이라는 체증에 다시 찍어 눌리는 곳
그러나 여기는, 공연히 서서 아 하고 부르면
어 하고 대답할 것 같은 곳이다

한걸음을 떼면 그 한쪽이 뒤로 가는
여기에 와서 멈칫대면서
모르는 이면을 더듬어 간다

문을 열면 또 문이 있는 첩첩의 문 앞
실은 내 문이 잠겨있을 것이다
어떤 날에는 이면을 잊었고
어떤 날에는 잊은 이면을 불러내면서
밀어야 하는 문을 당기며 문을 열고 또 문을 연다

  깊이에 깊이를 감춰두고 며칠을 꼬박 앓아누워서도

미처 가보지 못한 곳을 바래 문을 연다

자꾸만 문을 연다 잠긴 문 앞에서 차라리 나를 연다

오늘은 알고 싶다

문을 열면 또 문이 있는 그 너머의 문은 열려 있는지

빈 문서

푸른 숄을 거치고 가는 가냘픈 여인의 뒤태도
앙상한 뼈만 남은 길 고양이의 쫑긋한 귀도
빈 면面에서는 보이지 않는다

채워 넣어야한다는 강박으로 채워진 빈 문서
어떤 것으로도 채울 수 없어 반복되는 허기
빈 문서는 내게 각서를 요구한다
누구에게도 들키지 말아야할 대외비
각서를 거부하고
어제와 똑같은 서명을 반복하면서 파쇄를 시도한
다

아무 것도 진술하지 않는 나를 추궁하는
빈 문서를 엎어 놓는다
뒤집어진 안쪽에
꼬리가 수상한 갈증이 데칼코마니 되고 있다

들리지도 보이지도 않는 면面을
포맷된 머릿속에 분주히 등사하면서

오늘도 나는
갈증을 해결 못한 보석(保釋)을 당당히 거부한다

그림자라고 불리는 것

슬퍼하지 않는 것들이 모퉁이를 돌아나간다
악착같이 달라붙는 감정의 선을 찍어 누르고
납작한 가슴으로 기어서 간다

한때 장황한 이력서를 썼을지도 모르는
몸을 바닥에 눕히고
기별 없는 사람을 기다리는 듯
잡히지 않는 것들을 잡을 수 있다는 듯
무게 없는 몸으로 표정 없이 가다 서다
어느 황량한 날 저녁
외등이 조롱하는 골목을 빠져나와
모퉁이에 몸이 베이고서야 접힌 꿈을 펴본다

목록은 줄줄이 나오는데
어느 것 하나 변변히 잡아두지 못 한 것이어서
굳어진 몰골로 은연히 속내를 숨기는
온기 없는 체온의 또 다른 나

차갑게 식어가는 거리에서 더 차갑게

스스로를 채근해도 아무도 아는 체를 않는
숨죽여 제 본체를 갈망하는 무채색의 외피

가을의 기도

 바람을 토막 내면 무엇인가의 초상이 빼곡이 들어차 있다 내가 쓰다버린 일기장도 들어 있고 비밀스런 기도문도 들어 있다 촌각은 나를 밀어 여기까지 와있게 했으나 내가 읽은 과거의 일들과 기도는 아주 낯설어서 내 얼굴과 다른 것이었다 바람을 토막 내고부터 갑자기 구토가 시작되었다

 칼은 준비한 적이 없었고 바람을 벨 이유도 없었다 그러나 나도 모르는 내가 마구 곁가지를 쳐가며 중심부를 겨누자 바람이 낙엽처럼 뒹굴었다 벌겋게 물든 바람에서 그늘이 보였을 때 나는 그것이 나의 얼굴임을 알아챘다 나는 퇴락한 잎새처럼 지워지고 있었다

 무더기로만 피는 가을꽃들이 모였다가 흩어지는 것을 보면서 속에서 슬그머니 이는 욕망을 버리듯이 나를 옥죄는 바람을 털어낸다 가을이면 앓는 병을 낯설게 하면서 그늘을 지워내고 지금 구절초들이 그러하듯 이리저리 흔들리면서라도 가을이니 가을의 기도를 이제 시작하는 것이다

간이역

장터에서 온 등짐을 부리는 인부의 손길이 바쁜
콩시루 같은 두량 열차가 도착한 허허로운 벌판

화물 봇짐만 오르내리는 표지판 옆 녹슨 철로
굽은 등을 내밀고 뻐근한 몸을 밟아달라 한다

머리카락 흰 억새가 제 몸 기울여 기웃대는 오후 늙은 몸 펴질 기색 없는데 비구름 만 삭신을 밟네

저 봇짐은 뉘 집 어머니가 내려 부친 참기름일 텐데
삐걱 열린 열차 문 옆에서 바람이 먼저 흥정을 붙인다

더듬더듬 몇 대 걸러 한 대 서는 풀 돋은 승강장
낡은 객차가 나를 싣지도 않고 뒤뚱뒤뚱 졸면서 간다

빗물의 두께

첩첩이 쌓인 이력을 한 겹씩 벗겨내면
애초에 빗물이었다
개울물 위를 벌거벗고 뛰는 그것
삭인 속을 내어놓는 소리들
뛰어올라도 자꾸만 추락하는 것들

갈대가 빽빽이 선 개울가에서
꽃들이 주춤대던 날
오래 묵은 시간이 터뜨려낸 물꼬
개울을 따라 흘러 어제가 녹아내린
물, 순환의 굴레를 벗어나고 있다

언제부터인지 모를 습관으로
깊이를 재거나 길이를 재는 것이 식상할 때
습관을 깨고 발을 담근다
물을 따라 흘러가고 싶으나
물의 주름이 발목을 결박한다

간지럽게 스쳐가거나 뭉툭하게 갈린

때로는 한 겹 무명천 홑이불 같은
개울, 연륜의 색깔을 질문한다
굳이 알려하지 않아도 스며오는 곰삭은 평균값
붉은 꽃잎 떨어져 내리면
빗물의 두께가 개울의 과거를 덮는다

4부

나는 보라색이다

나는 보라색이다

　보라색으로 밀어 붙인다
　어느 색으로 할까요
　건조한 목소리가 무선을 타고 왔을 때 벽을 마주하고 앉아 나는 말했다

　색은 현실체, 나의 색은 나의 속내를 비추는 면경이지
　나는 초조한 시간을 벽에 걸어두고 흩어진 문장들을 다듬어 표지 안에 숨긴다
　그것이 결핍인지 고유함인지 비로소 의미를 떠들어보게 되고 검정색이 바래 보라색이 되었다고는 말하지 않는다 다만 내 시는 검정에서 나와 서랍 속에서 익어 보라색으로 간다

　보라색은 내 어머니의 분위기이고
　문장의 체온은 어머니의 숨소리에 감춰져 있다가 내 심장에서 익은 후 말초신경의 끝을 통해 나온다
　나는 보라색 안에서 편안하고
　보라색 시를 쓴다 보라색이다 온통 나는

물에서 물로

아이가 물 옆에서 물을 떠낸다 물이 흘러내리고 아이의 키만큼 다시 오르는 물이 쓰다듬는다 아이는 본래 물에서 왔으니 물을 즐기고 물을 떠낸다

떠낸 만큼 자라다가 더 이상 떠낼 수 없는 객지에서 양복을 입고 구두를 신고 갈증의 시간을 토막내면서 물의 기억을 잊지 못해 물가로 간다

그 때는 너무 커서 물을 떠내지도 못하고 물이 흘러가는 곳을 보기만 하고 물처럼 흘러갔으면 하고 물이 실제로는 유희의 극장이 아님을, 떠낼 수 없는 것임을 안다

물을 떠난 물*을 즐기던 아이는 물物에 집착하면서부터 점점 물*에서 멀어지고 물物 없는 삶을 한줌 물* 없는 삶이라 여기며 이제는 물*이 아니라 물物에 젖고 더 이상은, 물物을 떠낼 수 없음을 알게 될 때 그곳이 곧 황무지임을 안다

물物이 물*처럼 어디론가 모를 곳으로 흘러가버린 지 오래된 때에

나의 너에게

고단하다고 말하자 네가 보인다
너는 수천의 하늘을 지나와서 나를 눕힌다
나는 팔베개를 한 너의 가슴에 기대어
너의 숨소리를 센다

너를 거두면 쪽방에 가득 차는 너의 숨
잠들지 못하는 때에는 자주
너를 미워하여도
언제나 나는 너를 통해 나를 보고
너의 숨결로 내 심장이 뛰는 것을 안다

너를 기다리는 습관을 이제는 떼어낼 만도한데
네가 오면, 나는 무취^{無臭}의 거리를 걷고
혹은 딱딱한 벤치를 생각한다
너는 왔다가 가면 그만이지만
나는 네가 떠난 자리에서 너를 앓는다

나는 너를 끝내 지우지 못하고
너의 귀에 조곤조곤 말한다

나는 네게 너무 깊이 빠졌다
밤이여, 나를 삼킨 닉스의 고혹함이여
내가 탐하는 너의 입술, 농염한 엑스타시여

나는 너에게 관능의 옷을 입히고
사로잡힌 네 품에서 목이 졸리는 위험을 탐닉한다

*닉스- 밤의 여신

까막눈

다섯 개에 사천오백 원
사과를 샀다
딱 한 개에 천 원 안 되는 맛
저것이 내게 오기까지는
그래도
뙤약볕을 몇날 며칠 물고 왔으련만
허여멀건한 껍질에 푸석푸석
어쨌든 사과는 사과라
맛은 그만이라는 추임새
덜렁 들고 와 쪼개었더니
부스스 뜨는 까만 눈
사과를 쪼개다가
엄지손가락만 삐었다
엊그제도 그랬는데
내가 꼭 까막눈이다

당신의 밤

이제 그만 내게 보내세요
첩첩이 쌓인 밤 무더기 속에서
당신을 볼 수도 없이 깊은 속에서
더 이상은 그만
텅 빈 밤을 열어 보겠습니다
하루도 놓치지 않은 생각들을
이제는 놓아주고
당신 없는 곳에 눕고자 합니다
그런 곳이 있기나 할까요
그런 일이 가능 할까요
나는 이미 점령 당했고
당신이 보낸 밤은 나를 또 포박합니다
나마저 나를 이기지 못할 때
나는 결국 무릎을 굽히고
지우지 못한 얼굴을
당신이 보낸 밤에 더 깊숙이 감춥니다

너는 상관이 없다

깊은 우물에서 나를 건져내려면
밤이 적격이다
이 밤엔 가을도 울지 않는데
잠드는 것은 호사가 아니다

누군가를 생각한다는 것은
밤에는 해서는 안 되는 일
눈을 크게 뜨고 앉아 이름을 부르면
가라앉은 목소리가 목젖을 넘지 못하고
얼른 감춰도 지워지지 않는
네 이름이 선명한데
혼자 있는 밤은 아프지도 않다

내가 나와 흥정하는
그리하여 헐값으로 낙찰된
나는 적요에 서려 나를 참아내고 있다

밤은 그렇게 죽어가고
죽어갈 것이고 죽은 것이다

〈
깊은 우물에서 너처럼 숙성된 나의 밤은
나를 불러내기 좋은 계절이다
너는 이 일과 아무 상관이 없다

그 동네

남의 동네인데 낯설지가 않은 곳
하기야 과천도 오래 전에는 고양군이었지
두고 온 고향인데 건널목 지나 여기 와 있다
나도 흘러와 있다
고양에서 파주로 넘어가는 길
낡은 경운기와 너덜대는 비닐하우스
퇴비의 냄새가 구수한 벌판이 한가롭다
몇 개의 야산을 굽이굽이 돌아
누이의 맘씨 같은 시내가 흐르는 곳
하얗게 벚꽃 무너지던 날
흘러가는 물을 채가던 두루미
문득 서서 바닥에 가라앉은 과거를 건져내다가
산자락을 내려오는 그림자에 쫓기는 고라니를 보았다
너는 나처럼 밀려나지 말아라
시간을 잡아두면 저도 제 집을 지킬 수 있을까
고양에서 파주로 넘어가는 경계에서
걸음을 잃은 사내가 멈춰 서있었다
그 동네
가져와 내 속에 숨겨두었다

목침의 효용

말랑말랑하지 않은 내가 목침을 베고 눕는다
등이 배긴다 등껍질이 너덜너덜해지고
목덜미가 뻣뻣해지고 나서야
비로소 꿈이 아니란 것을 알아차린다
어제까지는 아버지의 것이었던
모서리가 낡은 목침
육면체의 무게가 머리를 밀어내면 몸이 가라앉고
사지가 묶인 지렁이 한 마리, 침대 위를 긴다
목침에 익숙해지는 일은
머리를 올려놓고 단두斷頭를 감내하는 것
아무렇지도 않게 아버지 흉내를 내면서
마치 뜨거운 욕조 속에서 시원타 하는 것처럼
편안하다고, 박제된 말을 천연덕스럽게 내 뱉는다
아직은 뼈가 굳어서는 안 되는
결관 직전에서야 푹신한 베개가 허락되는
엄중한 이유를 조금씩 수긍하면서부터
목침에 익숙해지는 나는 점점 말랑말랑해진다

공공연한 은신

바람을 엿본다
잡히지 않겠다면서 앞발을 내젓고
헛기침을 남발한다

숨었어도 보이는 은신
꼬리를 감았는데 귀 끝이 뾰족하고
숨어 계수하는 발자국이 얼마인지
기억도 못하면서 귀에 담는다
귀가 커진다

저는 몰라도 바람은 알고
숨어도 보이는 허술한 은신
나오라고 손짓해도 눈만 껌벅
평상 아래는 안전하다고 자위하면서
발자국 선명한 줄 모르고 콧등만 씻는다

바람은 안다
숨은 틈새가 넉넉하다
길고양이 은신한 곳에서

바람도 짐짓 모른 척 시침을 뗀다
잠들기 좋은 햇볕이 쏟아지는 오후에
뻔한 숨바꼭질이 골목을 간지럽힌다

내가 그립다

어떤 날은 네가 그립고 어떤 날은
내가 그립다
네가 모르는 내 마음이
내가 모르는 네 마음 같을 것이고
지나간 시간을 펼쳐놓으면 거기 있을
무언의 속내가 조금씩 말을 걸어오지
다만 듣기만 할 뿐 말할 수 없는
내가 읽은 또는 읽는 시간
느리지도 빠르지도 않은 보폭으로
나는 외줄 위를 걷는다
어쩌면 우리는 서로에게 광대인지 모른다
극이 끝나면 뿔뿔이 흩어지는 배우들처럼
우리도 그러할지 모른다
다만 오늘은 배역에 열중할 뿐
내일의 종영은 염두에 두지 않는다
어떤 날은 그 날이 두렵다
나만은 아직 내 속을 접어둘 수 없다
네가 그리운 날에는 내가 그립다
너는 몰라도 나는 항상 내가 그립다

네가 없는 날에는 더욱 그렇다
내가 없는 막 뒤에서는 언제나 네가 그립다

계단 오르기

벽이 접혀 있다
끝이 없는 계단, 종적 없이 뻗은 계단이
불쑥 내게 묻는다
어느 오지에서는 막대기로도 고기를 잡는다는데
아느냐는 질문
막대기 하나 없는 나는 잡을 것이 없고
숨이 턱에 닿도록 올라도 거기가 거기인
나는 줄곧 타인의 몸으로 허덕인다
털어도 나올 게 없는 주머니만 헛배가 부르고
나는 내가 아니라는 주입된 관념을 뿌리치지 못하고
무엇엔가 귀를 기울이는 습관처럼
짐짓 초연한 척 하나씩 계단을 마저 접어간다
누군가 구겨놓고 간 이 계단은
단 한번도 제 끝을 내놓은 적 없다
공연히 시작했다는 생각에 이르게 되면
오지의 바오밥나무를 생각한다
고립무원에는 한 사람이 귀하다

나는 그 한 사람으로서 오른다
모든 의식을 한 데 모으고
살아있는 동안은 살아있음을 저버리지 않으면서
한 걸음이 계단의 숫자만큼 버거워도
오늘 오르지 않으면 내일도 오르지 않을 것이기에
오른다 한 마리 도마뱀이
잘라낸 꼬리를 물고 접힌 벽을 타고 오른다

그 때에야 비로소

목덜미를 스치고 가는 바람도
오래된 벗과의 이별도
나이가 들고 있다는 것도 슬프다
슬픔의 이유는 진부한 것이 없다

그냥 홀로 걸을 때 문득 목소리가 들리고
그가 웃으며 건넸던 우스갯소리가 떠오를 때
고였던 봇물이 터져 솟는다

슬픔의 색은 탈색되어도 무게는 여전함을
무채색의 표정이 되어서야 알게 되는
어떤 슬픔은
슬픔의 이유마저 모른 채 슬플 때가 있다

그의 소리는 점점 멀어져도
잊히지 않는 어느 날이 있음을 알게 되면서
오래 전 안으로 닫아걸었던 문 앞에서 가장 슬프다

〈

슬픔을 삭이는 법은 어디에도 없다

흘려보내는 것

지나고 지나고 또 지나 시간의 종막이 슬픔을 덮을 때

슬픔의 이유마저 생각나지 않을 때

표정 없이 낙인을 찍을 수 있을 때

그 때에야 비로소 그의 이름을 말할 수 있다

그 때는 참 슬펐다고 말할 수 있는

무채색의 슬픔이 있다

목 베인 오후

오후는 빛깔을 가지고 잰걸음이다
잠깐 나가 볕을 쬐었는데 싹이 났다
몇 시간 후면 오한이 들 텐데
속도 모르는 까막까치 소리

도대체가 생각이 있는 건지 없는 건지
풀어 놓았던 줄을 당겨보는데
딸려 오는 낮달의 그림자
생각은 그림자와 같이 저물기도 한다

어떤 이는 지금 꽃을 따고 있을 것이다
아무짝에도 쓸모없는 일인데
생각없이 목을 분지르고 있을 때
말 못하는 꽃들의 울음이 춥다

생각없는 이들이 생각 없는 일을 하는
도대체가 몰상식한 이면을 뒤집어 놓으면
밀려오던 선잠이 푸드득 자리를 털고
 목 베인 오후, 일방통행로에선 모두들 걸음이 분주하다

제자리걸음

내 혼의 발걸음은 지금 제자리걸음이다
너 없이 가는 길이어서 섧고 서러운
낯선 길을 혼자 가는 것은 꽃 없는 화분 같은 것
가지 말라고 해도 저 혼자 가는 그 발자국에
담긴 허허로운 그림자처럼
혼은 지금 제 몸을 주체하지 못하고 있다
곧 있으면 날이 밝을 텐데 여전히 제자리걸음
몸이 따라붙어 같이 가주려고 해도
기어코 혼자 가는 밤길, 나는 여기에서 그저
비척대는 내 혼의 그림자를 위태롭게 보며
내가 아닌 너로서 같이 제자리를 걷는다
천근 무거운 몸인데 닿을 길, 참 멀기만 하다
나도 내 혼도, 너는 몰라도, 길 없는 길에서 섧다
그러니 제자리걸음은 이제 그만 거두고
이내 발자국 지우고 간단히만 서럽다 하자

나의 목화는 이제

나의 목화는 하얗게 불탔었고
나는 거울 앞에서 화장을 고쳤으나
피부를 찢어 피어올린 순백의 거품을
송두리째 내어버릴 각오로
단 한 번의 인사도 없이 들을 떠난다

거울 앞에 선 나는 등 뒤로 돌아나가
문을 열고 손을 흔든다
나의 목화는 한 때 나를 감싸주었으나
이제 점점 부푼 솜을 접어들이고
폭풍이 불던 날들을 거두고 있다

나의 피는 한 줌 재로 변해 가고
더 이상 가눌 길 없는 슬픔은 애초에
시작도 하지 말아야 한다고
무덤덤한 바람의 등에 새긴다

목화, 그처럼 따스했던 기억
혼자만 꺼내보던 기억들을 보내야할 때

꽃인지 꽃이 아닌지 모를 것들을 추려
열어보지 못할 상자에 담는다

뜯기고 뜯겨 다 잃어버린
하나의 꿈같은 몸으로 겨울을 준비하고
겨울 아닌 것들을 모두 털어낸 후
혼자만의 혹한을 앓기 위해
꾹 눌러 참은 속내마저 비워내고 있다
나의 목화는 이제 새 눈을 뜨는 모양이다

거울 앞에서 나는,
철지난 화장은 이제 지워야 한다고
정말 그래야 하느냐고
비로소 내게 말한다

상관성

내가 살아온 기록이 저 구름이다
훅 불면 사라질듯 한 엄연한 위태로움
한낱 땅에 그은 선처럼 가물가물한 얼룩
여태 저렇게 살아왔구나

억눌러온 심사가 터지고 나서야
보이는 것의 이면에 흘린 것들이 보이고
주섬주섬 담기에는 여력이 없다

검은 양날이 있는데 한쪽 날은 적이 나갔고
도무지 날을 세우지 못한다
베고 싶던 것들을 놓치고
급기야 손바닥을 베이고서야 알게 된
가볍다 생각한 구름의 부유浮游가
사실은 태산보다 무겁다는 것

살아온 기록을 비바람이 지워줬으면 좋으련만
뚜렷이 떠서 안으로 밀고 들어오는 엄연한 촉각
털어내려 해도 질기게 도는 먹구름

검을 세차게 갈아 잘라내려 해도
구름은 이제 나와 상관없이 가고
넌지시 건넨 말이 낯설게 되돌아온다

구름에 얼룩으로 낙인이 된 나는
허락 없이 몰아가는 힘을 이기지 못 한다
매설된 어깃장을 비켜가지 못 한다

밤을 허물다

깊음 속으로 밤이 흐르고 나는 잠 못 이룬다
더 깊은 속으로 들어가 혼을 태우고
낮에 미처 거둬들이지 못한 흔적을 지운다

하얗게 멀어지는 초승달을 좇다가 도려내진
심장은 아직도 뜨겁게 뛴다
밤이여 그만 놓아주어라

그러면서 나 역시 놓지 못 하고
놓을 수 없는 이유도, 놓아야 하는 이유도
모른 채 너의 깊이로 빠져들어간다

내가 밤인지 밤이 나인지 모를 깊음의 바닥에서
나나 무수꾸리의 '사랑의 기쁨'을 들을 때
동의할 수 없다고 공공연히 밤을 허문다

제목과 내용의 부조화
밤과 나의 부조화
나와 나의 부조화

〈
밤이면 휘청거리며 구워지는 혼을 씹는다
밤마다 밤이 아니기를 기도하면서
사랑이 정말 기쁜 것인지 그 진위를 묻는다

내가 인쇄되고

달궈진 몸으로 내 뱉는다 내가 인쇄되어 나온다 나는 본래 아무 것도 아니었으며 0과 1의 조합으로 생성되었다

지나간 영상이 첩첩이 자리를 잡으면서 한 줄 뿐인 이력서처럼 압착된 내가 전송되고 출력물이 눈에 들어올 때 나는 두렵다
내가 토해지고 있다

누군가는 훤하게 내 전부를 스캔할 것이어서 나는 0과 1을 흩어 놓는다 그저 혼자서 삭여야할 것들이기에 들키지 않은 것부터 한 줄씩 지워간다

누군가의 손에 들려 읽혀질 때 설령 미사여구로 위장되어 있다고 해도 분명히 발각될 것을 알기에 프린터를 끈다 조용하다 조용한 곳에서는 두려울 것 없을 거라 했는데 오히려 옥죄어 오는 차가운 고요

〈

암전의 방, 그리 깊지 않은 속으로부터 나를 까발리는 소리가 일어나고 가급적 별거 아니라고 외면해보지만 내 의도와 상관없이 인쇄되는

나는 버젓이 벌거벗겨져 내놓아진다

프린터를 켜면 나는 두렵다

저것이 버티고 앉은 공간은 나를 붙들어 둔 감옥, 떳장도 없는 무덤이다

5부

이 세계의 눈

밤의 무늬를 보다

네비게이션이 허락 없이 쳇바퀴를 돌고
느티나무 한 그루가 제 그림자를 먹어치우는
길은 백 년 전과 같이 구부정하다

길 옆 구멍가게는 소등한 지 오래고
수묵화 습작 한 폭 하늘에 걸렸다
누군가 그려놓은 능선에 적송이 탈진해 있는데
돌보는 이 없어 밤바람이 미처 못다 지운
무늬만 어슴푸레하다

눈먼 달그림자가 드문드문 선 폐가를 건너 딛고
헝클어진 밤이 무형의 무늬를 늘어놓을 때
누가 내 심사를 옮겨놓았는지
별로 신통치 않은 필치의 수묵화 속
지워지고 있는 피곤한 언덕 아래
무채색의 내가, 없는 길을 허적허적 더듬고 있다

오이지

어머니의 목이 지탱해내는 최대치
오이 한 접
까칠한 시집살이를 차곡차곡 모아 거둔 날
한 개씩 씻어 막소금물에 쟁였다
꼭지에 달려온 바람도 물에 녹았다
길쭉한 오이지독을 가득 채우고 남은 하나
베어 무니 여름 맛이다

볏짚 말아 아귀를 채운 후
애지중지 부뚜막에 두었던 반들반들한 차돌
어머니의 무게다
눌러 놓으니 부글부글 더위가 식었다
어머니 손등처럼 얽은 짭쪼름한 오이지
마늘 한 조각 썰어 넣고 물 자작이 부으면
세상에 없는 그 맛

텃밭에 오이넝쿨 하나 기어가고
남모르는 새에 달린 오이 세 개
어머니의 손맛 든 오이지가 그리워

오이꽃 노랗게 피고 질 때부터
저녁마다 안부를 물었는데
오늘 아침
헛, 누가 따 가고 없다

갑질

제법 실한 놈을 잡아 눈을 감기고
덕지덕지 붙은 세월을 벗긴다
뚝뚝 떼어진 시간이 사방에 흩어진다
솜씨 좋은 칼잡이는 단번에 숨통을 끊는다니
덜 미안하다

해일을 집어삼키며 살아왔을 힘줄의 결을 따라
칼이 그려내는 조화를 제 눈 치켜뜨고 보는
생명의 황홀한 종막, 절명의 순간을 황홀하다 하는
나는 실은 내 생명을 회로 쳐내는 날선 칼의
그 리듬이 부러운 것이다

언제였던가 칼날을 세우던 숫돌을 치운 것이
바람 한 종지 뿌리고 슥슥 갈아내던 칼을 감춘 것이
어쩌면 스스로를 저밀 자신이 없어서일 텐데
남의 종말을 침 흘리며 지켜보고 서서
혀끝을 대신 갈아내고 있다

⟨

  능숙한 손놀림의 칼질이 긋는 종말의 선언은 슬프지 않다
  다만 무디게 갈린 혀가 껄끄러울 뿐이고
  등뼈 발라진 생명을 보고도 미안한 줄 모르는
  완고한 입맛이 마뜩찮은 것뿐이다

  숙취한 사람들이
  맘몬의 코에 비트코인을 욱여넣고 있다

월미도의 밤

 건너편 신도시에서는 적적한 길들이 바람을 쐬러 나왔고 먼 길 돌아가는 대교의 눈이 질주하는 차량의 속도를 잰다 한때 번잡했던 선착장의 배는 자기를 접어 창고에 들었고 부리 잘린 갈매기 한 마리가 달빛에 밀려 도망 중이다

 흙빛 바다가 에메랄드빛이 된 것은 밤이 되면서부터
 전조등에 떠밀려 가는 빛의 굴절이다 바다를 먹고 있다

 한 청년이 기타를 치고 컬컬한 노래가 값싼 스피커를 찢는데
 에프샵마이너 코드가 제대로 잡히지 않는다
 다만 코드의 진행을 따라 물이 들어오고 나가고
 울림통을 이탈한 음이 잔파도를 일으킨다

 횃불을 든 마술사가 능숙히 저글링을 하는 동안

매캐한 폭죽들이 끊어진 뱃길을 애도한다
건너편 섬에서는 추모하는 집들이 하나씩 등을 끄고

후덥지근한 밤이 선착장에 무겁게 내려앉는데
놀이공원의 디스코팡팡 만은 미쳐서 돌고
걸터앉은 돌계단 옆으로
바다를 연모하는 바람이 와서 그윽이 앉는다

심드렁한 등대가 저만치서 푸른 입김을 뱉어내는
어느 날, 월미도의 밤
내일도 영종도행 배는 뜨지 않는다

이 세계의 눈

부서진 창으로부터 쏟아져 나오는 빛은 세상을 밝히지 못한다 세상은 검은 옷을 입고 배회하므로 빛을 적선하는 것은 어리석은 일이다 누군가 한줄 댓글을 달았을 때 이미 세상은 어두워졌고 아무도 반론을 제기하는 이가 없었으니

저 세계에서 이 세계로 날품을 팔러 온 검은 얼굴에 대해 검은 이 세계는 수용적이지 않다 팔목이 잘려나가고 황산에 얼굴이 이지러져도 신문에는 누가 안타를 쳤느니만 나왔다 이 세계의 눈은 볼 것만을 본다

어느 세계도 마찬가지겠지만 그래도 나는 이 세계의 눈을 본다 충혈된 눈은 간밤의 로데오거리 같고 옆 테이블에는 습관처럼 귀를 기울이지 않는다 아무도 제 눈이 보지 못하고 제 귀가 듣지 못한다는 것을 모른다

검은 옷으로 길을 가로지르며 빛에 대하여서는

악플을 달고 검은 얼굴의 이방인이 살아온 삶에 대해서는 함구한다 그들의 오늘에 책임을 두려하지 않는다

　이 세계의 눈은 실명했으므로 하나같이 모두 부서진 창을 닫아두고 있다

배다리 난장

약품을 바르면 푸르게 변한다는
은 목걸이를 한참 서서 들여다보다가
십이만 원이라는 말에 주머니를 닫았다
십자가 달린 목걸이를 걸면
혹시나 뭉텅이 죄 한 끄트머리라도
슬쩍 덜어낼 수 있을까 했는데
주머니 속에서만 난장이 성업盛業이다

세월이 녹으로 달라붙은 골동품들
적나간 백자도 있고
초침이 게으른 시계도 있다
통용되지 않는 화폐처럼 박제된 사람들이
쪼그리고 앉아 펴놓은 바닥 난장
누군가가 파먹고 남긴 시간을 닦고 닦아
내놓은 것들
백년 전에 사용했음직한 낡은 라디오는
쉬쉬 목 헐은 소리를 그래도 내고
그을음 잔뜩 먹은 등잔에서는 구습舊習이 탄다

두루두루 구경거리는 널렸는데
가부좌를 틀고 앉아 미혹하는 고서古書들
초서체인지 해서체인지 모를 누군가의 휘호
녹슬어 어눌한 우뇌를 닦아내며
때 낀 시간을 애써 해독解讀하고 섰는데
어디서 날아드는 째지는 경적음, 산통을 깬다

유령의 도시

부서지고 있다
정체 모를 미세한 입자들로의 탈태
고비사막으로부터 극동의 끄트머리까지
분쇄된 문명들이 부유하는 유령의 도시

폼페이를 덮은 화산재처럼
매캐하게 덮여오는 조롱
숨 막히는 나무들의 몸부림
아무도 책임지지 않는 광포함을
가난한 나무들이 온몸으로 맞서고 있다

뼈마디가 쑤신 고층건물들이
신음 소리조차 낼 수 없는 고공에서
창문마다 대자보를 붙이고 항거해도
사람들은 그냥 길을 간다
베어낸 나무들을 싣고 가서
마천루보다 높은 굴뚝에 밀어넣는다
화덕에 불을 넣고 사람을 태운다

〈
아무도 아무의 신음에 책임지지 않고
고통의 질량은 측정하지 않는다
외면은 사람의 고상한 교양
교양 있는 사람들이
검은 마스크를 쓰고 미로에 미로를 덧댄다
출구가 없다

○,이라는 표식

골목에 햇볕이 비칠 때
문패가 빛나는 이유는 접어둔다

페인트로 그려놓은 표식
점심을 먹었다는 것인지
사람이 산다는 것인지
빨간 신호에 햇볕이 골목을 돌아나간다

오늘도 누군가는 돌아나간다
나뒹구는 운동화
낡은 자개농
죄 지은 것도 아닌데
접근금지 선으로 봉해진 철대문
녹슬어가도 아무도 상관하지 않는다

한때 창문턱을 넘던 웃음소리는
어느 새 집에 들었을까

〈

배씨는 보상금을 경마장에 털어 넣었고

김씨는 톡 털어 빌려준 뒤 친구를 잃었다

그런데도 버젓이 ○,이라는 표식

조합은 언제나 ○,을 요구하고

손 털고 나간 집에는 여지없이 ○,이라는 표식

누군가 그 위에 덧그린 ×,라는 표식

이건 또 무슨 뜻인가

수의囚衣

감방에 사람 들어앉은 모양이 수囚인데
매무시 할 일 없는 옷에 간단히 갇히고
사방 답답해도
내뱉는 말, 이제는 벽을 넘지 못하리

앉을 자리 궁색하여 창문가를 서성이다가
수의囚衣 깃에 내려앉는 한줌 햇살에
창 너머 단풍이 화려하게 잔치하는 동안
수의에 꽃 달 일 없으니 이참에 면벽이나 해야겠지

내가 나를 가두고 보니 행색이 추레하고
끓는 정념을 애써 끌어내리다가
아, 옷깃에 베인다
내 옷인데 내 맘대로 벗지 못하는 나는 수인囚人

시간은 급히 지나가도 내 시간은 붙잡혀 있고
태가 날 리 없는, 스스로 입은 옷

가사장삼은 옛 말이고
앞섶에 휑한 바람만 숭숭 드나든다

이 옷 벗는 날 곧 올 터인데
무엇하러 애지중지 하겠나
스스로 갇힌 몸, 여죄를 추국하고 각별히 살피면
그 때는 부끄러움 터럭이라도 감淨해지지 않겠나

문턱의 안과 밖

어제 밤에도 수많은 사람들이 죽었을 것인데
우리는 조문도 없이 문턱 앞을 왕래한다

별이 떨어져도 그저 혼자 흐르는 시내처럼
아무렇지도 않게 넘은 고개가
실은 내 등이었음을 알게 되기까지는
문턱의 안과 밖을 계측하지 않았다

쓸쓸한 사람은 쓸쓸한 대로 아픈 사람은 아픈 대로
자기에게 집중하면서
카운트다운에 들어간 시계를
왼손에서 오른손으로 옮겨 차고
어젯밤 죽어간 사람들을 생각하지 않기로 한다

생각이 깊으면 해야 할 일이 많으므로
가급적이면 빨리 잊을 것들의 명부를 작성하고
강제되지도 않았는데 서둘러 길을 마무리한다

조문객 없는 문턱 너머에서는
어젯밤 죽은 이들이
문턱 너머 살아있는 자들을 조문한다
살아있음과 죽었음의 차이는
문턱의 안과 밖만큼이나 별반 다르지 않다

우리라는 몽타주

그림이 되기까지는 쉽지 않다
금기의 선은 페트라의 골처럼 넘기 어렵고
차갑게 식은 암석으로 메워진 정원에는
패랭이꽃도 좀처럼 피지 않는다

가능한 한 조심스럽게 다가온 '가'와
'가'처럼 내외하는 '나'의 부정교합은 어느새 익숙해지고
하나의 선에 서서 우물 속을 들여다보는 동안
우물의 깊이도 모르고 빠져든다

위험은 깊이에 있을까
더 깊이 가고픈 욕망을 붙들어 매놓은
위험이란 말뚝을 제거할 수 없는 더 깊은 곳
수면에서 보면 더 일그러져 보일 것이니
더 깊이 내려가는 것이 좋다

애초에 하나의 서로 다른 점이었고
이미 그어진 곡선의 유려함에 이끌려

덧칠해지고 덧입혀진 하나의 콜라주
겹겹의 벽을 가로질러
더 깊은 곳에 등사될 필요가 있다

우리라는 몽타주는 난해할수록 매력적이다

한 점

　응집력은 젊은 들소처럼 질기게 퍼졌다 되돌아 온다
　가능한 선은 없다 한결같은 힘의 응축만이
　멀어져갔던 시선을 끌어 모은다

　따가이따이의 분화구처럼 모인 것들의 축제
　금이 간 산맥의 등성이를 따라 걷는
　조랑말의 발자국 소리가 뭉쳐지고
　마침내 한 곳에 모여든 시름들이 마지막 힘을 쏟는다
　누군가 찍고 갔을 반환점에서는
　아직 도착하지 못한 미래가 여전히 너덜너덜 하고
　값싼 음료 한잔으로 목을 축이고
　모든 힘을 한 곳에 모은다 모인 것들은 힘이 있다

　안간힘이란 것은 대체로 한 점을 이루지 못한 애착이다
　선점하지 못한 고지를 향해 내딛거나
　혹은 먼 여행에서 돌아와 여장을 푸는 것도

실은 한 점이 되고자 하는 안간힘이다

옥석으로 가려진 누군가는 한 점에 올라 손을 흔든다
대기권 밖에서 보면 모든 안간힘이 하나의 점이다

수렴된 힘, 폭발의 위험은 없는가
한 치 걸음도 옮길 수 없는 조밀한 땅에서
힘의 균형을 유지한 채 직립해 있는 나무들이나
사람들 역시 하나의 점을 지향한다 그것을 지점이라 한다
어떤 지점에서는 곡과 환희가 하나가 된다
한 점 안에는 모두가 들어 있다
모두는 한 점을 향해 들어오고
한 점은 고집스럽게 응축되어 있다

한 점을 펼치면
만상萬象이 비로소 자유를 얻는다
한 점을 보면 모든 것이 보인다

산토 니뇨

아기 예수를 씻는다
정수리에서 발끝까지
씻는 것은 실은 자기를 걸러내는 것이다

정화, 자기를 지워 비움으로써
오욕을 씻음

한 치의 번뇌도 허용치 않는
결국에는 존재 자체를 없이 하는
비존재를 향한 갈망

오욕칠정에 찌든 물을 부어 무엇하랴만
성별했다 하여도 그것은 다 자기 믿음인데
피로 씻어 내린 언덕에는 믿음조차 다 비운
그가 서있다

자기를 지움으로 비로소 비존재가 된
그리하여 존재를 존재케 하는
그가 오히려 나를 씻는다

정수리가 발끝이 온 몸이 서늘하다

다시는 물들지 말라고
세례의 물이 쏟아지고 있다
피가 정화되고 있다

아기가 눈을 뜬다

내가 눈을 감는다

* 산토 니뇨(Santo Niño, 거룩한 아기)- 필리핀 세부섬의 산토 니뇨 대성당에 있는 아기 예수상. 세부에서는 1년에 한번 아기 예수상을 목욕시키는 의식을 행한다. 이 성상은 벨기에서 제작된 것으로 1521년에 마젤란에 의해 당시 세부의 왕 라자 후마본의 세례를 기념하여 기증되었다.
* 신학자 파울 틸리히는 하나님과 비존재를 수용적 관계로 본다.

개구리밥

발을 뻗어도 닿지 않는 바닥은 언제나
가 보지 못한 타히티의 곱상한 해변이다
촘촘히 어깨 기대도 한바탕 물살에 휘둘리는
아우성도 그저 그때뿐인 부유하는 부류
태산의 잔도 노동자, 바닥을 딛지 못하는 계급은
목숨을 절벽에 저당 잡히고 산다 하는데
물의 최고점에 소금쟁이의 다리를 놓는
생태의 말단, 최저 계급은 늘 불안하다
소심한 몸이어 뵈지 않는 하얀 미소만 피우는
눈꼽 만한 꽃에도 밤낮은 내려앉는다
저마다 할 말 있다고 손을 들어도
들어줄 이가 없을 때
앞산 건너 빛 한줌 넘어 들어와 쓰다듬어주면
초록으로 반색하는 저 조막만한 손바닥들
귀를 기울이면 어디서
개구리 한 마리 잠 깨는 소리 들리는데
올망졸망 앙증맞은 눈들이 화들짝 먼저 깨고
개구리가 풀 뜯어 먹는다는
뜬소문에 와글와글 동네가 야단법석이다

*잔도 노동자-중국의 태산 등의 절벽에 발판(잔도)을 놓는 노동자

나의 그늘

절름절름 걸어오고 있다
장대 같은 빌딩이 자기를 기울이면 동굴의 문을 여는 그늘
그늘에서는 와인향이 난다 동굴에서 숙성된 향이다

그늘을 마시는 동안 와인에서 꽃이 피고
몇 걸음 못 가서 주저앉은 등뼈가 향기롭다

언제나 그랬다 양지는 내 것이 아니었고
배달하지 못 했다는 집배원의 스티커만 붙어 있었다
재배송을 요청할 필요는 없었다

애초에 내 것이 아니었기에
양지가 나를 배반했다고는 생각지 않는다
나는 그늘 속에서 태어나 그늘 속에서 자랐다
그러므로 나는 그 속으로 들어가 숙취한 나를 재운다

〈
그늘이 지나 온 곳은 동굴이었다
깊으면 깊을수록 그 가치를 더하는
동굴의 문이 열린다
나는 동굴 속에서 숙성될 것이다

케냐에 간다

고원의 햇볕이 처녀의 얼굴을 익히는
케냐의 너른 농장
감귤과 와인 향이 은은히 밴 밭고랑에서
체리를 씹는 입술

빨갛게 물든 하늘 아래에서
육질을 벗기고 냄새를 볶는다
케냐AA

짙은 산미를 머금은 유혹
처녀의 피부처럼 검고 미끈한
한 잔의 미친 커피
경건히 내린 케냐의 젖을
인천의 쪽방에서 혀끝에 머금는다

아바타이산을 넘는 노을의 맛
입술이 입술에 닿는다
고원의 숨이 입안 가득 번지고

고단한 노동이 흠씬 녹아든 한 모금
마시면, 나는 케냐에 간다

인사동의 시간

등받이 없는 나무의자가 졸고 있는 초입
누군가에게는 쓸모가 있을 쓸모 없는 것들이
손수레를 점거한 채 시위중이다

건너편 스타벅스에서는
젊은이들이 캬라멜마키아토를 마신다
늙은 거리에 매니큐어를 칠하면서
호랑이기름의 용처를 물을 뿐
아무도 노인의 이력을 사려하지 않는다

위조된 조선이 박제되어 있는
인사동거리
젊음 질펀한 곳에서
늙은 시간은 길을 잃었다

오렌지의 안과 바깥

아열대의 기억을 익히던 중이었다
천근 시름을 단단히 걸어잠그고
결 고운 표피를 방어막으로 쌓고

추운 바깥에서부터 달려드는
버르장머리 없는 바람은 녹여 담아서
깨알같이 새겨놓은 저 노란 환영

하나의 우주가 눈 시리게 여문 날
흥정을 가르면 열리는 곳간
쏟아져 나오는 새침한 목소리들

안을 꼬여내는 바깥의 악력에
차곡차곡 쟁여 있다가 터지는 긴장
바깥으로 개방되는 달디 단 교태

시지푸스가 바위를 굴려가는 법

이영박(시인, 소설가)

박찬희 시인을 처음 만났을 때, '왜 저렇게나 고독한 얼굴을 가지고 있나'라는 의문을 가졌었다. 그 의문은 바로 그의 시에서 비롯된 것이었다. 그러나 '구태여 왜 그렇게 아픈 삶을 선택했을까'를 묻는 것은 어리석다.

진정한 단 하나의 시를 얻고자 하는 자는 우회할 길이 없다. 박찬희 시인의 제4시집 〈서로의 사이에 있다〉에 수록된 89편의 시를 읽고 상처를 받았다. 간단하다. 박찬희 시인은 상처를 주는 시인이다. 껍데기뿐인 희망이나 요설에 불과한 위로는 없다. 그가 바위를 올려놓을 시의 산정山頂엔 '깡마르게 직립한 그'가 있고, 시만 있을 뿐이다.

빌어먹을 시

빌어먹을,이라고 한마디 쓰고
가장 짧은 가장 깊은 시라고 우겨본다

그래, 누가 뭐래도 나는 그 빌어먹을 시를 쓴다
('빌어먹을' 중에서).

그가 시라고 여기는 시는 "빌어먹을,이라고 한마디 쓰고 / 가장 짧은 가장 깊은 시라고 우겨본다 // 그래, 누가 뭐래도 나는 그 빌어먹을 시를 쓴다"에서 보이는 바와 같이, 시가 아닌 것을 시라고 우기기는 죽어도 싫은 시다운 시이다. 바닥에 붙어있어도 진실이어야 하고 아름다워야 하고, 그가 생각하는 우리를 껴안을 수 있어야 한다. 이름값이 빌어먹을 '시'가 되는 것에 분노한다.

산정山頂에 바위를 굴려 올렸으니 그는 다시 바위를 굴려 떨어뜨릴 수밖에 없다. 그리고 터덜터덜 다시 바닥으로 내려가야 하는 것이다. 이 대책 없는 시정신은 그를 시지푸스로 만들었다.

바람의 조각술

풀잎 사이를 헤집고 바람이 관통하고 있다. 나는 여기서 박찬희 시인의 시적 보행의 방법을 본 듯하다. 그의 시는 공간과 시간의 무게와 질량과 밀도를 잘 측정한다.

그 탁월한 상상력은 시가 아닌 것에서 빠져 나와 온전히 시에 몰입한 가벼운 몸짓에서 가능하다. 바람처럼 시의 내부를 돌아다니는 능력이 보인다. 자초한 형벌에 대한 보상이 아닐까.

바람이 절차탁마한 조각품을 보면 가끔 놀랍다. 그는 여기서 자유의 열반을 느끼고 있는 것이 아닌가 한다. 평면적인 아름다움에서 그치는 여타의 시와 구별되는 입체적인 아름다움이다.

> 밤마다 발가벗은 몸으로 오는
> 달의 기울기만큼 썰물이 빠져나갈 때
> 속옷 벗겨진 해안선이 요부의 미소를 흘린다
> 왜 이제 왔냐고
> 칙칙한 보안등이 아는 척을 하는 해안의 밤
> 모두가 훌훌 벗는다
>
> ('자연주의' 중에서.)

묘사 대상을 바라보는 박찬희 시인의 시선이 근면하다. 달의 색상과 각도 해안선의 색상과 기울기, 그 대상들과의 연결고리와 일관성, 적절하게 추출해 낸 감성들, 한 문장이 읽힐 때까지의 운율 그것을 하나하나 계산했다고 보기는 어렵다. 이것은 박 시인 특유의 직관력이다. 나는 여기서 그의 직관을 가리켜 바람이라고 부른다. 가볍고 자유롭고 거침없다 하겠다. 그는 시적 대상의 내면과 외부를 상하좌우 통행하며 감성과 조형적 아름다움을 훑어내 건져낼 줄 안다.

사실 부끄러움이란 어느 곳에서는 자랑이 되지 않는가
　　　달이 벗은 몸을 내비치는 동안에
　　　부끄러움을 잊는 것은 합법적이다
　　　소나기라도 퍼부었으면 좋을 밤이니
　　　극이 끝나면 놓고 갈 소품을 벗는 것이야 어떠랴
　　　본디 벗은 몸으로 왔으니 다 털어내도 무방한 밤에
　　　여물어 내리는 요염한 달빛 아래 어디서는
　　　온종일 치장한 매미도 옷을 벗는다더라
　　　　　　　　　　　　　　　　　('자연주의' 중에서.)

　이제 바람이 불어 주제를 드러낸다. 행간에 들어있는 그의 이야기는 단순한 풍경의 자연주의가 아니라 인간 본성의 자연주의다. 부끄러움 혹은 수줍음, 훼손되지 않은 순수함의 정황 증거이다.
　자연은 인간을 교육하는 완벽한 학교라 하겠다. 시인은 인간이 숙지해야 할 적절한 제재들을 교재로서 절묘하게 배치하고 있다. 속세와 타협한 위선과 겉치레, 그러면서 오염되어 갔던 본성들을 돌이켜 이제 본래로 돌아가자 하고 있다. 밤과 바다가 만든 원시적 배경에 향수를 불러일으키는 원초적 감성이 빚어낸 밤의 조형물을 독자의 시각 안에 세운다.
　원시적 순수와 열정에 대한 감각대가 살아있는 박찬희 시인은 인간 본성의 고향을 잃지 않은 시인이다. 그는 고향에 대한 향수와 사랑하는 사람과의 일상적인 소소한 행복들을 족하게 여기며 살아왔을 소박한 사람일 수 있다.
　그러나 그에게 '역사와 시대를 바라보는 눈'은 개인적

인 업보이다. 시 안에서의 고행과 시에서 바라보는 시대에서의 고행은, 멈춰 설 수 없기에 걸어야 하는, 묶일 수 없기에 몸부림쳐야 하는 그 자신의 시적 몸짓이다. 혼란과 모순의 시대, 못 본 체를 넘어서 끝내 방조하는 세태에 대해 그는 어떻게 이야기하고 있을까?

이 세계의 눈

흑백 다큐멘터리의 슬라이드 같은 느낌을 주는 시 '이 세계의 눈'은 색채의 대비와 일상적 풍경을 제시하여 색다른 미학을 보여준다. 다소 웅변조의 문투에도 투박함으로 이탈하지 않고 매끄러운 시어로 연결함으로써 공감을 얻는 데 무리가 없어 보인다. 지금 여기서 반드시 해야 할 말이 무엇인가를 발견하는 일이 시인의 보이지 않는 책무라고 한다면 시인은 이 책무에 충실하다.

> 부서진 창으로부터 쏟아져 나오는 빛은 세상을 밝히지 못한다 세상은 검은 옷을 입고 배회하므로 빛을 적선하는 것은 어리석은 일이다 누군가 한줄 댓글을 달았을 때 이미 세상은 어두워졌고 아무도 반론을 제기하는 이가 없었으니
>
> 저 세계에서 이 세계로 날품을 팔러 온 검은 얼굴에 대해 검은 이 세계는 수용적이지 않다 팔목이 잘려나가고 황산에 얼굴이 이지러져도 신문에는 누가 안타를 쳤느니만 나왔다 이 세계의 눈은 볼 것

만을 본다
('이 세계의 눈' 중에서.)

　검은 얼굴의 참상에 대해 이미 선의를 잃어버린 검은 이 세계의 자세와 태도는 비극이다. "이미 세상은 어두워졌고" 아프리카가 그렇고 미얀마가 그렇고 지구상 곳곳 가난한 소외계층이 그렇다. 이들에게 향한 중대한 착취와 침해에 대하여 세계는 "부서진 창"이다. 역사적으로 길게 이어져온 약소국에 대한 약탈과 그 전리품을 바탕으로 세워진 자본의 높은 빌딩 안에서 벌어지는 카니발을 방해 받지 않으려고 "저 세계에서 이 세계로 날품을 팔러 온 검은 얼굴에 대해 검은 이 세계는 수용적이지 않다" 수용하지 않는다는 것은 주체와 객체가 다르다는 인식에서 출발한다. 그래서 검은 이 세계는 검은 얼굴을 방치할 수 있는 것이다. 엄연한 방조 혐의에 대해 시인은 그 상처를 지적한다. 그리고 아프다고 신음한다. 그리고 아파야한다고 발언하고 있다.

　시인의 시대에 대한 진단은 명쾌하고 처방은 적절해 보인다. 아파할 것은 아파해야 하고 상처는 아픈 것이 옳다. 세계의 엔터테인먼트와 스포츠가 아무리 마취와 망각의 약물을 뿌리더라도 개별적인 너와 내가 아닌 하나의 우리라는 인식으로 그들을 바라보아야 한다는 시인의 말이 강건체이다.

　　　어느 세계도 마찬가지겠지만 그래도 나는 이 세계
　　의 눈을 본다 충혈된 눈은 간밤의 로데오거리 같고

옆 테이블에는 습관처럼 귀를 기울이지 않는다 아무도 제 눈이 보지 못하고 제 귀가 듣지 못한다는 것을 모른다

검은 옷으로 길을 가로지르며 빛에 대하여서는 악플을 달고 검은 얼굴의 이방인이 살아온 삶에 대해서는 함구한다 그들의 오늘에 책임을 두려하지 않는다

이 세계의 눈은 실명했으므로 하나같이 모두 부서진 창을 닫아두고 있다
('이 세계의 눈' 중에서,)

그러나 아무도 제 눈이 보지 못하고 제 귀가 듣지 못하는 것을 모른다. 이 긴요한 문제의식은 근본적인 치유의 핵심을 담고 있다. 모든 회복의 시발은 '참상에 대한 방조와 그에 대한 암묵적 동조'에서 탈피하는 데 있다. 눈과 귀를 열고 문제를 직시해야 한다. 그리고 이기적이고 악의적인 방조 행위를 멈추어야 한다. 그리고 예수나 석가가 인간 사랑에 대한 정신으로 고행의 길을 완성했듯 검은 얼굴에 대해 새로운 정신으로 다가갈 것을 촉구하고 있다.

중언하자면 그는 상처를 주는 시인이다. 우리에게서 무엇보다 위험한 것은 곪아들어 가는 환부를 가지고 있으면서도 인지하지 못하는 일이다. 도덕적인, 정신적인 환부는 점차 깊어져 전체적인 삶을 파국에 이르게 하는 위험성을 가지고 있다. 그래서 시인은 이 세계의 눈을

보고 이 세계의 귀를 본다.

서로의 사이에 있는 우리

  이 시집 안에 의미 있는 시들의 즐비한 행렬은 어디에서 출발하였으며 종착역은 어디인가? 개별적인 존재가 또 다른 개별적인 존재를 대하고, '우리'라는 합을 이루는 것이 존재의 보편적인 양식이다.
  이처럼 시인의 마지막 고뇌는 '우리라는 풍경'이다. 그것은 인간적으로 절실하고 종교적인 기도와 같이 경건하다. 그가 어떠한 모순에서도 끝까지 껴안으려 하는 것은 때로 절망적이기까지 한 '우리'이다.

  '우리라는 몽타주'는 존재성의 내적 공간을 정원과 우물이라는 매우 적절한 소품을 설치하여 잘 조각해 보여주는 작품이다. 무엇보다도 시의 주제가 견고하게 정립되어 있고 간결하게 정리되어 있다.
  한 존재에서 출발하여 '우리'라는 그림이 되기까지 시인의 이정표를 따라 걷는 것은 즐거움을 넘어 영혼의 자양분을 섭취하는 일이다.

>그림이 되기까지는 쉽지 않다
>금기의 선은 페트라의 골처럼 넘기 어렵고
>차갑게 식은 암석으로 메워진 정원에는
>패랭이꽃도 좀처럼 피지 않는다
>   ('우리라는 몽타주' 중에서.)

몽타주는 기억을 되살려 얼굴을 그려낸다. 이렇게 그려진 미지의 존재는 안다고 생각하는 그 순간이 바로 미지의 순간이기도 하다. 그림이 된다는 것은 아름다운 존재의 합이 된다는 것이다.

'금기'는 존재를 제압하는 역할을 수행해 왔다. 종교적, 도덕적, 사회적 금기의 잣대는 정의로운가? 어쨌든 '금기의 선'을 넘는 것은 페트라의 골을 넘는 것처럼 어렵다. 이 제약과 현실의 국면은 가슴이 식어버린 화석화된 인간을 양산하기도 한다. 사랑 즉 존재의 완성으로 표상되는 패랭이꽃은 좀처럼 피지 않는다. 그래도……

> 가능한 한 조심스럽게 다가온 '가'와
> '가'처럼 내외하는 '나'의 부정교합은 어느새 익숙해지고
> 하나의 선에 서서 우물 속을 들여다보는 동안
> 우물의 깊이도 모르고 빠져 든다
> ('우리라는 몽타주' 중에서.)

근원적으로 존재는 존재를 향하게 되어있다. 늘상 알 수 없는 부정교합이지만 하나의 선에 서서 우물 속을 들여다보는 동안 우리는 존재의 까마득한 어둠 속으로 빠져든다. 위험한 투신이기도 하고, 깊이는 깊이가 있을까 싶을 만큼 깊다. 이것이 '얽혀진 우리'라는 존재의 숙명이기도 하다. 미지에의 자맥질은 동시대를 같이 껴안고 사는 일 외에도 우리에서 나올 수밖에 없는 존재의

의미와 상황에서 허방질 하지 않기 위해 붙들고 살아야 할 서로의 밧줄이기도 하다.
  그러면, 가능한 한 우리는 어떻게 서로의 밧줄을 잡아야 하는가? 시인의 이야기를 들어보자.

>위험은 깊이에 있을까
>더 깊이 가고픈 욕망을 붙들어 매놓은
>위험이란 말뚝을 제거할 수 없는 더 깊은 곳
>수면에서 보면 더 일그러져 보일 것이니
>더 깊이 내려가는 것이 좋다
>   ('우리라는 몽타주' 중에서.)

  깊은 곳에 더 깊이 내려가는 것이 좋다고 한다. 현상적이고 일상적인 존재의 의미에서 가장 근원적이고 절대적인 의미에로의 진일보를 말한다. 금기와 위험이란 말뚝을 제거할 수 없는 위험한 존재 즉 '더 깊은 곳'의 탐구이고, 한 존재에 한 존재를 던져 넣는 것을 의미한다. 이렇게 그는 그 누구에게로 흘러가고 있다. 까칠한 자신의 성격을 제어하고 너그러이 존재를 수용하는 시인의 언행은 여기에 근간을 두고 있다. 누구에게나 존재의 길은 끝이 보이지 않는다. 그러므로 지금 걸어갈 수밖에.

>애초에 하나의 서로 다른 점이었고
>이미 그어진 곡선의 유려함에 이끌려
>덧칠해지고 덧입혀진 하나의 콜라주
>겹겹의 벽을 가로질러
>더 깊은 곳에 등사될 필요가 있다
>   ('우리라는 몽타주' 중에서.)

깊이 탐구하고 고뇌했다면 '우리'에 이르는 길을 가보자.

우리는 애초의 서로 다른 점에서 출발했다. 사는 일이란 유려한 곡선을 따라 나날이 겹쳐지고 겹쳐지는 일이었다. 우리의 삶에서 너와 내가 이루고 이끌어온 일들이 오늘이다. 겹겹의 벽을 가로질러 너는 나로, 나는 너로 등사될 필요가 있다. 공동의 운명체로 같은 시간과 공간을 공유한 인생의 길동무로서, 너와 내가 다를 수 없는 것을 온몸으로 맞아들여야한다고 한다. 나는 또 다른 너이며 너는 또 다른 나인 것이다. 근원적으로 우리는 하나였으니 하나로 돌아가자는 것이다.

우리라는 몽타주는 난해할수록 매력적이다
('우리라는 몽타주' 중에서.)

이것은 시인의 우리를 향한 사랑 고백이다. 더 이상 무슨 중언부언이 필요할까?

산정山頂에서

시인이 험준한 산에 굴려온 바위들을 둘러보며 그리고 다시 굴려 내리는 바위들을 보며 노고를 기억하지 않을 도리는 없다. 내 서툰 사족의 말로는 왠지 성이 차지 않는다. 더 바람이 있다면 그가 시에서 구현한 미학이 잘 유통되기를 바란다.

시는 독자의 잠재적 갈등을 일회적으로 해소하기에 급급한 여러 문화적 산물과는 구별되어야 한다. 시는 언어를 가지고 하는 예술이라서 시각적, 청각적 자극과 효능에서는 가장 늦게 눈길이 가는 특성이 있다. 말하자면 독자의 내면에 가라앉아 있는 장르라 할 것이다.

박찬희 시인의 시는 근원적인 존재성과 사랑의 철학을 담아 입체적 아름다움을 보여주고 있다. 이 시집이 담고 있는 이러한 측면은 모든 문화적 산물들이 가져야할 기본적 소양에 대한 하나의 텍스트가 될 수 있지 않을까 한다. 시를 쓰는 것은 그칠 수 없는 그의 숙명이다. 그의 말을 인용하면 '천형'이다. 그럼에도 불구하고 알베르 카뮈의 말을 빌려 말한다면, 그가 그의 천형을 즐기기를 소망한다.

마지막으로, 기다린다.(끝)

공감과 위로의 시편들

개동 이시찬
(시인, 평론가, 도서출판 문학의봄 발행인)

　코비드-19 팬데믹은 우리에게 두 번의 봄을 앗아갔다.
　그래서일까? 시인이 4집을 출판하겠다고 했을 때 필자는 '벌써?'라는 의문을 달았다.
　그러나 다시 돌아보니 3집을 출판한 것이 2018년 겨울이었다. 어언 2년 반 전의 일인데 두 번의 봄을 빼앗기다 보니 2년 반 전의 3집 출판을 지난겨울 정도로 착각했던 것이다.

　필자는 지난 3집의 축사에서 시인의 작품은 흔한 말로 '고요 속의 외침'이라고 했다. 구체적으로는 왜곡된 주변을 고발하고 어둠의 세계를 향해 강력한 메시지를 보낸다고도 했다.

  이번에 출간한 〈서로의 사이에 있다〉는 여기에 더해 나와 너 또는 나와 세계와의 관계를 폭넓게 펼쳐 놓았다. 여기에서 너와 세계는 외적인 대상이라기보다는 자아의 내면이고 따라서 과거의 자아와 현재의 자아의 거리로 보인다. 시인은 또 다른 자아와의 사이에서 그 관계를 검토하고 재정립하기 위한 고뇌의 흔적들을 곳곳에 남긴다. 전체적으로 3집에 비해 눈에 띄게 성숙한 것은 절제미이다. 2년 반의 숙성의 결과가 아닌가 싶다.

  3집에서도 언급한 바 있는데 시인은 여러 공모전에서 수상하며 모지(母誌)인 '문학의봄'을 빛내고 있다. 등단 1년 차부터 '문학의봄 작품상', '충청남도 인권 작품상'을 수상하고 등단 1년 만에 전국 공모인 '추보문학상',과 '대한민국 독도문예대전'을 수상하며 남다른 자질을 보여주었다. 최근에는 '제7회 경북일보 문학대전'과 '제2회 사육신 공모전(시조)'에서 입상하고 안양문화예술재단에서 공모한 '창작시 공모전'에서 우수상으로 선정되어. 그 시가 현재 안양시 버스정류장 곳곳에 게시되어 있다. 또한 여러 곳에서 원고청탁을 받기도 한다. 등단 5년 차에 접어든 시인으로는 너무 바빠 보이기도 하지만 여기저기에서 손짓하고 호평을 받는 것은 개인적인 영예일 뿐만 아니라 조직적으로도 반기고 격려할 일이다.

  우리는 이미 두 번의 봄을 도둑맞고 행여나 하며 초여

름을 맞이하였으나 곳곳에서 들리는 신음은 5월에도 여전하다. 아마도 올해의 남은 계절을 모두 잃을 수도 있겠다는 불길한 예감이 뇌리를 스친다.

하지만 문학이 백신을 개발하거나 재난지원금을 마련할 수는 없다. 그렇다면 이런 재앙에서 문학이 할 수 있는 최소한의 일은 무엇이겠는가? 펜으로나마 각계각층의 신음에 공감하고 위로하는 것이다. 이런 면에서 이번 박찬희 시인의 4집 출판은 시의적절하다고 할 수 있다. 위축된 노동자들과 소상공인들이 작품에 공감하며 작은 위로라도 받을 수 있을 것이라는 판단에서 그렇다.

제4 시집 〈서로의 사이에 있다〉 출판을 진심으로 축하한다.